JN122804

雅歌の説教

住谷 翠

Sumitani Midori

キリスト新聞社

目　次

はじめに

旧約聖書中になぜ『雅歌』は入れられたのでしょうか。このような「恋の歌」は聖書にふさわしくなく価値が低いと言う人もいます。その一方、聖書中の最高の書であると言っている人もいます。2世紀から3世紀にかけてのオリゲネス、4世紀のニュッサのグレゴリオス、12世紀のクレルヴォーのベルナルドゥスなどです。いずれも雅歌の註解を書いています。雅歌は文字通りには、恋愛歌でありますが、神と信仰者の魂との最高の段階を歌った信仰の歌でもあります。これらの教会の霊的解釈の宝によって、わたしたちが神に近づいた時の喜びと、これからの残された日々ますます近づく喜びを味わいながら、礼拝をしたいと思いました。この原稿は、その時の説教の要約で、教会の月報に連載したものをまとめたものです。

雅歌の文字通りの解釈が【恋の歌】です。そして、霊的解釈が【信仰の歌】です。いわゆる「神と神の民イスラエルとの愛」については、【信仰の歌】の方に下敷きとして入れていました。【恋の歌】と【信仰の歌】の関係は、前者が後者の反面教師になる場合、助走になる場合と、いろいろです。

まず「雅歌」という題名ですが、これは漢訳からきた訳で、原文は「歌の中の歌」（Song of Songs　シール・ハッシリーム）です。旧約の中にはたくさんの歌が収められています。魂が、旧約聖書の信仰の歌のすべての段階を通って神に近づくときの最高の歌ということでしょうか。神の民と神との熱い「愛の相聞歌」を、作者は自分の若い時の恋愛を思い出しながら、また少女のような信仰者ではなく、成熟したおとめとして夫（神）のもとに行く姿として、コロス（コーラス）付きの戯曲形式の「祝婚歌」の形を借りて、歌いあげているとも言われます。それでは、『雅歌』の中に入っていきましょう。

【参考文献】

『雅歌注解・講話』オリゲネス著、小高毅訳、創文社、1982年

『雅歌について』（全4巻）聖ベルナルド著、山下房三郎訳、あかし書房、1977―1996年

『雅歌講話』ニュッサのグレゴリオス著、大森正樹、宮本久雄、谷隆一郎、篠﨑榮、秋山学訳、新世社、1991年

なお、本書の聖書書名および章節箇所、引用は、断りのない限り『聖書新共同訳』（日本聖書協会）によっています。

雅歌（1）１章１～２節 a
神の言(ことば)

1　ソロモンの雅歌。
2a　どうかあの方が、その口のくちづけをもって
わたしにくちづけしてくださるように。

◇◇

【恋の歌】
神から油注がれた王であり、信仰の知恵の守護者であり、多くの女性に慕われたソロモンの名が、他の知恵文学と同じように被(かぶ)せられています（1:1）。
花婿と花嫁の思いを表した言葉です。わたしたちは自分が愛する人すべてと、くちづけをしたいとは思いません。よほど好きでないと望まないことでしょう（1：2）。

◇◇

【信仰の歌】
花嫁であるおとめと、王とも、若者とも言われる花婿は、神の民と神、また、信仰者（教会）とキリストとして読まれてきました。婚礼の合唱歌を歌うおとめたちは聖霊とも読めます。
結婚の準備の結納は既に済んでいました。それは神の民にとっては、律法と預言者の書物かもしれませんし、異邦人にとっては、道徳心、理性、自由意志などの神の贈り物です。ところが、人はこれだけでは、罪の故に、魂の愛と渇きを満たすには充分ではなかったのです。
魂は、神の言（ロゴス）、神の口から出る神の言葉のくちづけを受けたいと

願わざるをえません。神の言葉が魂を訪れてくださるように、神に乞い願いましょう。その口のくちづけをもって、わたしにくちづけしてくださるように。説教者も祈っています。しかし御父は、それぞれの魂の能力を知っておられ、どの魂に、どのようなくちづけを、いつ与えたらよいかも知っておられるのです。だからバプテスマのヨハネはこう言っています、「花嫁を迎えるのは花婿だ。花婿の介添え人はそばに立って耳を傾け、花婿の声が聞こえると大いに喜ぶ。だから、わたしは喜びで満たされている。あの方は栄え、わたしは衰えねばならない」(ヨハネ 3：29—30)。

雅歌（2）１章2b～３節
キリストの香り

（おとめの歌）

2b　ぶどう酒にもましてあなたの愛は快く
3　あなたの香油、流れるその香油のように
　　あなたの名はかぐわしい。
　おとめたちはあなたを慕っています。

◇◇

【恋の歌】

花婿になるあなたの愛は、この世で最高に美味と言われるぶどう酒にもまして、わたしには快い。あなたの付けておられる良い香りの香油のように、あなたの名が、わたしにはかぐわしいのです。

花婿の香油も数々あったことでしょう。また、花嫁もこのころの人らしく香料を使い付けていたし、香料に精通していたことでしょう。その中でも素晴らしい香油のように、あなたの名前がかぐわしい、と恋人を愛している花嫁は言っています。その人の名前を人が口にするのを聞いても、書かれた文字を見ても、そっと自分で言ってみても、その名にかぐわしい香りがただよっているようです。きっと、おとめたちは皆、あなたを慕っています。あなたを愛さないおとめは一人もいないでしょう……。ほほえましい恋人の気持ちが歌われていると思われるところです。

◇◇

【信仰の歌】

キリストの最初のしるし（奇跡）はカナの婚礼での奇跡でした（ヨハネ2：1―11）。婚礼の席において、人びとはあとになって、よりおいしいぶどう酒が出てきて驚きました。わたしたちの花婿となる方の教え（福音）は、人の心を喜ばせているあらゆるぶどう酒に優ります。

キリストは花婿とも呼ばれますが、大祭司とも呼ばれます。大祭司については出エジプト記30章22―38節に、このような規定が載っています。「主はモーセに仰せになった。上質の香料を取りなさい。すなわち、ミルラの樹脂五百シェケル、シナモンをその半量の二百五十シェケル、匂い菖蒲二百五十シェケル、桂皮を聖所のシェケルで五百シェケル、オリーブ油一ヒン（筆者注：聖書巻末に度量衡の表があります）である。あなたはこれらを材料にして聖なる聖別の油を作る。……聖なる聖別の油は、代々にわたってわたしのために使うべきものである。一般の人の体に注いだり、同じ割合のものを作ってはならない」（出エジプト30：22―25a、31b―32a）。この花婿キリストに出会った時、人はあらゆるこの世の香料に優った、驚くべき香りをかいで驚きます。魂にとっての香料とは、イスラエルにとっては律法、異邦人にとっては倫理、芸術、哲学、自然学などです。この方には、かいだことのないような神の香りがするからです。そして、キリストという名前の方を知れば知るほど、好きになります。そうして彼を知っていることで、その人も良い香りがするようになるべきと言われています。「神は、わたしたちをいつもキリストの勝利の行進に連ならせ、わたしたちを通じて至るところに、キリストを知るという知識の香りを漂わせてくださいます」（コリント二2：14b）。

婚礼の席に花婿を慕う他のおとめが複数いることは、穏やかではありませんが、このおとめたちと言われている人たち、霊的に若い人たちは、感覚としての臭覚ではなく、神的香りをかぐ「内なる人」と言われる魂の嗅覚が健全で活発になりましたから、みんなでキリストの後を追いかけていきます。駆けても疲れませんし、苦しいとも思いません。この愛する方から、絶え間なく新たな命を頂いて、力づけられているからです。わたしたちも皆そのような者になり、一緒に追いかけていきたいものです。

雅歌（3）１章４節
王の部屋に招かれる

（おとめの歌）

４　お誘いください、わたしを。
急ぎましょう、王様
わたしをお部屋に伴ってください。

（おとめたちの歌）

わたしもあなたと共に喜び祝います。
ぶどう酒にもまさるあなたの愛をたたえます。
人は皆、ひたすらあなたをお慕いします。

◇◇

【恋の歌】

婚礼の花嫁自身が花婿に伝えます。行く用意ができましたので、どうぞお誘いください。わたしをあなたのお部屋に伴ってください。王様である花婿ソロモン王の、見たこともないような豪華な部屋、王の秘密の部屋に入る喜びが伝わってきます。どの花嫁であれ、花婿の部屋に入るときの、王様の部屋に入るときのような緊張感と喜びが歌われているとも言えます。そこで、花嫁は花婿と二人だけになるのです。

婚礼の場であれば、居並ぶコーラスのおとめたちは、この花婿と花嫁をうらやましいと、さかんにほめたたえているのでしょう。

◇◇

【信仰の歌】

「教会」の慕うキリストの部屋とは……、神の秘められた、隠された思いそのものと思われます。

コロサイの信徒への手紙２章３節には、このように書かれています。「知恵と知識の宝はすべて、キリストの内に隠れています」。しかし「自然の人は神の霊に属する事柄を受け入れません。その人にとって、それは愚かなことであり、理解できないのです。霊によって初めて判断できるからです」とも言われています（コリント一2：14)。「『目が見もせず、耳が聞きもせず、人の心に思い浮かびもしなかったことを、神は御自分を愛する者たちに準備された』」と言われているとおりです（コリント一2:9)。またこの宝の部屋は、わたしたち自身の部屋でもあります。祈る場所です。キリストは、「あなたが祈るときは、奥まった自分の部屋に入って戸を閉め、隠れたところにおられるあなたの父に祈りなさい」と言われました（マタイ６：6)。

さて、この部屋でわたしたちは王であるキリストと二人だけになることができます。教会の花婿なる主は、花嫁が望む以上の熱心さで、ご自分の民と親しい交わりを結ぶことを求めておられます。わたしたちは、主を喜ばせ楽しませるためというより、むしろ自分自身の必要を満たすために主を求める傾向があります。わたしたちは主を喜ばせることを忘れてはならないと思います。花嫁がただ自分の必要を満たすために花婿を求めるだけであれば、それは花婿を愛している花嫁と言えるでしょうか。

教会の人が、この花嫁のようになりたいと合唱しますと、それに対して、主なる神は「若者がおとめをめとるように／あなたを再建される方があなたをめとり／花婿が花嫁を喜びとするように／あなたの神はあなたを喜びとされる」と言ってくださいます（イザヤ62：5)。自分の罪に失望し、贖い主に従おうとする者たちに、「主は救いの衣をわたしに着せ／恵みの晴れ着をまとわせてくださる。花婿のように輝きの冠をかぶらせ／花嫁のように宝石で飾ってくださる」のです（イザヤ61：10)。

雅歌（4）１章５～６節
暗黒の理由

（おとめの歌）

5　エルサレムのおとめたちよ
わたしは黒いけれども愛らしい。
ケダルの天幕、ソロモンの幕屋のように。
6　どうぞ、そんなに見ないでください
日焼けして黒くなったわたしを。
兄弟たちに叱られて
ぶどう畑の見張りをさせられたのです。
自分の畑は見張りもできないで。

◇◇

【恋の歌】

色の白い黒いは、国によってどちらが美人か異なることですが、イスラエルでは白い方がいいとされていたのでしょう。この花嫁は、自分の色が黒いことをしきりに気にしています。「わたしは肌の色は黒いけれど、そんなに悪くはないでしょう？」と。でもその黒さといったら、ケダル族の住んでいる天幕やあのソロモン王の幕屋のようです。そんな真っ黒な人はいないので、これは自嘲と同時に、けっこう立派なことを暗示しているのかもしれません。しかも、元々はこれほど黒くはなく、これは日に焼けたせいです、と言い訳しています。恋するおとめのこの心配に対して、婚礼のおとめたちは、あとで「だれにもまして美しいおとめよ」（1：8）と言って励ましています。婚礼の席の、花嫁花婿の欠点をあえて挙げて、それを魅力の一つにしてしまうという演出であったのかもしれません。

◇◇

【信仰の歌】

「ああ、わたしは黒い！」、魂は神に近づく時に思います。自分の中の闇を神の光に照らされて、はっきりと知らされます。神は、肌の色が何色であれ、まったく差別はなさらない方です。しかし、神の前に自分の暗黒を認めた人に、不思議なことに、より親しく臨んでくださいます。そして、やがて魂の中に義の太陽である方が来られ、いっそう深くなる闇の中にいても、神に愛されていることを知らされるのです。

わたしたちの暗黒の理由は何でしょうか。わたしたちが「自分のぶどう畑を守らなかった」こと、わたしたちの失敗はどこにあったのでしょう。次のイザヤ書５章１節から２節には、このように書かれています。「わたしは歌おう、わたしの愛する者のために／そのぶどう畑の愛の歌を。……よく耕して石を除き、良いぶどうを植えた。……しかし、実ったのは酸っぱいぶどうであった」。わたしたちが別のぶどう畑の見張りをして、自分のぶどう畑を守らなかった罪とは、（第一）わたしたちが他人の目ばかり気にして、自分の魂をおろそかにしたこと、（第二）人の目の中のちりばかり見て、自分の目の中の梁（はり）に無頓着であったこと、（第三）人との交わりばかり楽しんで、神との人格的な交わりをおろそかにしたこと、などが考えられます。父なる神はさらに「わたしとわたしのぶどう畑の間を裁いてみよ。わたしがぶどう畑のためになすべきことで／何か、しなかったことがまだあると言うのか。わたしは良いぶどうが実るのを待ったのに／なぜ、酸っぱいぶどうが実ったのか」と迫ってこられます（イザヤ５：3―4）。元々酸っぱいぶどうの木として植えられたのだろうと思っていた人もそうでない人も、困ってしまいます。自分の罪であったわけですが、どうしようもありません。だから、良い羊飼いのいる場所を教えてください（雅歌１：7）と魂は懇願します。イエス・キリストに出会うまで、魂の旅は続きます。

雅歌（5）１章７～８節
そこであなたの子山羊に草をはませていなさい

（おとめの歌）
７　教えてください、わたしの恋い慕う人
あなたはどこで群れを飼い
真昼には、どこで群れを憩わせるのでしょう。
牧童たちが飼う群れのそばで
　顔を覆って待たなくてもすむように。

（おとめたちの歌）
８　だれにもまして美しいおとめよ
どこかわからないのなら
群れの足跡をたどって羊飼いの小屋に行き
そこであなたの子山羊に草をはませていなさい。

◇◇

【恋の歌】

花嫁が、若者に出会った頃に時が戻っています。今は喜びに溢（あふ）れている花嫁ですが、とても苦労したようです。恋い慕う人は牧童であることしか、わからなかったのです。なんとかしてまた会いたいのですが、いそうな所で待ち伏せするのはやはり恥ずかしい。他の牧童たちに冷やかされるのも嫌だし、顔を覆って待っていると、職業的な娼婦と間違われることもあったので、いったいどうしたらよいのか、教えてください。切実に願うと、天から、声が聞こえてきました。

羊飼いの小屋のそばで、自分の子山羊に草をはませていなさい。仕事をしているようにみせかけたら、他の人にも本人にも不自然でなく、きっと会えますよ。

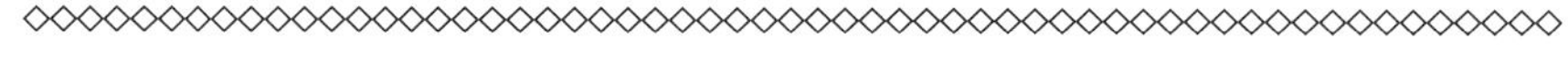

【信仰の歌】

信仰者が､魂の羊飼いを探してさまよっていた頃の回想とも言えます。「あなたはどこで群れを飼い／真昼には、どこで群れを憩わせるのでしょう」。魂は真の花婿となる方に懇願します。あなたのいます場所を教えてください。主が羊を憩わせる場所は､どこでしょうか。詩編23編には｢主は羊飼い、わたしには何も欠けることがない。主はわたしを青草の原に休ませ／憩いの水のほとりに伴い／魂を生き返らせてくださる」と書かれています(1―3節)。主イエス・キリストは「わたしは良い羊飼いである。良い羊飼いは羊のために命を捨てる」と言われています（ヨハネ10：11)。

さらに「真昼の憩いの地」とはどこでしょう。真昼の光の中で、アブラハムは主に出会いました。｢主はマムレの樫の木の所でアブラハムに現れた。暑い真昼に、アブラハムは天幕の入り口に座っていた」(創世記18：1)。義の太陽であるキリストが、ご自分の教会で御心を示されるとき、真昼の憩いの地、牧草地が与えられるのではないでしょうか。この真昼の光の中で、人は神と出会うのです。

聖霊は、この魂の質問に、適切に答えてくださいました。｢羊飼いの小屋に行って、あなたの子山羊に草をはませていなさい」と。教会において、よくわからないながらも奉仕をしているうちに、主のまねをしているうちに、羊飼いの羊飼いであられる主に会うことができるのです。教会の奉仕は、主のための奉仕であるだけでなく、主イエスと共になされる奉仕と言えるのです。

雅歌（6）１章９～11節
ファラオの車をひく馬

（若者の歌）

９　恋人よ、あなたをたとえよう
　　　ファラオの車をひく馬に。
10　房飾りのゆれる頬も
　　玉飾りをかけた首も愛らしい。
11　あなたに作ってあげよう
　　　銀を散らした金の飾りを。

◇◇

【恋の歌】

とうとう、おとめは若者と再会することができたようです。若者はおとめを、ファラオの車をひく馬に似ていると言っています。これは、別にけなしているのではなく、たいそう気に入ったというほめ言葉です。王の車に選ばれた馬は、純血種で均整のとれた美しい馬です。そしてこの馬は雄馬であっても、頭やたてがみに房飾りを付けていたことにあやかって、若者はさらに、おとめの装飾品が似合う顔と首をほめています。体をほめ、装飾品のセンスと顔をほめ、最後に貴金属をプレゼントしたいと言うのです。この辺はまるで、愛する人に対する恋愛の教科書のようです。

◇◇

【信仰の歌】

キリストの、その花嫁に対するお言葉です。「ファラオの車をひく馬」は、よく訓練された強い馬です。また同時に素直な従順な馬です。車をひく馬は一頭ではなく何頭かの馬です。訓練されていない馬は、勝手な方向に行こうとするので、進まないで疲れるだけです。信仰者が「ファラオの車をひく馬」であるとはどういうことでしょうか。プラトンは人間個人を制御のききにくい馬車にたとえました。わたしたち一人一人も統制がとれていない者ですが、キリストが御者になってくださり、訓練された美しい馬としてくださるとは、ありがたいことです。教会の真の御者はイエス・キリストです。教会は多くの構成員を持っていても、頭なる方を持ち、足並みを揃(そろ)えて進んでいけるのです。イエス・キリストの御心以外のことはしないということも大事です。しかし、その教会の牧師についていくためには、どちらもキリストに従う方向について、ある程度理解と一致をすることも大切なことです。

次に、新しく「銀を散らした金の飾りを作ってあげよう」と言われています。神さまが人間にくださった贈り物とは何であったでしょうか。肉体を造られ、さらに高価な金や銀で装わせてくださいました。それは、高価な贈り物です。人間の精神・理性・自由などが考えられます。しかし、それを頂いた人間は、どうしたでしょうか。ホセア書2章10節にはこのように書かれています。「彼女は知らないのだ。穀物、新しい酒、オリーブ油を与え／バアル像を作った金銀を、豊かに得させたのは／わたしだということを」。わたしはあなたがたに金と銀を与えた。ところがあなたがたは、金と銀でバアルの像を作ってしまった。せっかく精神も理性も自由な意志も与えられたのに、神を求めるよりも別のものを求めた人間の姿と言えます。また、詩編12章7節には「主の仰せは清い。土の炉で七たび練り清めた銀」と書かれています。炉で七たびも練り清められた銀とは、完全に精錬された銀のことです。この銀は、ここでは「律法」を表しています。まだ幼い時は律法によって育てられた魂が大人になって、救いと信仰を与えられ、いよいよ主の近くに招かれるのです。

雅歌（7）１章12～14節
エン・ゲディのぶどう畑に咲いています

（おとめの歌）

12　王様を宴の座にいざなうほど
　　　　わたしのナルドは香りました。

13　恋しい方はミルラの匂い袋
　　わたしの乳房のあいだで夜を過ごします。

14　恋しい方は香り高いコフェルの花房
　　エン・ゲディのぶどう畑に咲いています。

◇◇

【恋の歌】

若者の言葉を聞いて、おとめはどんなにほっとし、また嬉(うれ)しかったことでしょう。改めて若者を見て、絶賛しています。王様を高価なナルドの香油で歓迎するのに負けないほどの気持ちで、あなたを迎えます。わたしがいつも首から乳房の間に下げている匂い袋と同じようになってくださったら。あなたのお姿こそ、エン・ゲディのぶどう畑に咲いている、香気溢れるクリーム色の房をつけたコフェルの花のようです。

◇◇

【信仰の歌】

ナルドは王様を迎える時に使うような高価な香料であったようです。信仰者の魂が王様のように迎え入れるのは、もちろん神さまです。「王様を宴の座にいざなうほど／わたしのナルドは香りました」とは、神を、神の言葉を、受け入れる覚悟ができたということです。神の贈ってくださった神の言葉、この救い主が、罪人である自分を買い戻すために支払われた高価な身代金に対して、高価なお礼をした人の話が福音書の中にあります。ナルドの香油の記事です。ヨハネによる福音書によると「マリアが純粋で非常に高価なナルドの香油を一リトラ持って来て、イエスの足に塗り、自分の髪でその足をぬぐった。家は香油の香りでいっぱいになった」(12：3) とあり、また「わたしの葬りの日のために、それを取って置いた」(12：7) とあります。これと似た話のルカによる福音書には「あなたは頭にオリーブ油を塗ってくれなかったが、この人は足に香油を塗ってくれた。だから、言っておく。この人が多くの罪を赦されたことは、わたしに示した愛の大きさで分かる。赦されることの少ない者は、愛することも少ない」(7：46―47) と言われています。

またミルラとは「没薬」のことです。キリストのご生涯の最初と最後に登場する香料です。乳房の間は胸です。この胸のうちに、キリストに、夜だけでなくずっと住んでいただきたいものです。ヨハネによる福音書 14 章 23 節には、「イエスはこう答えて言われた。『わたしを愛する人は、わたしの言葉を守る。わたしの父はその人を愛され、父とわたしとはその人のところに行き、一緒に住む』」と書かれています。

おとめの恋人の雄姿を歌う気持ちは、信仰者のキリストの姿に対する気持ちに重なります。「わたしはまことのぶどうの木」とキリストは言われます (ヨハネ 15：1)。しかし、この香り高いぶどうの実が、人の心を潤し、まことの平安を与えるぶどう酒になるためには、やはり圧搾機で圧(お)し潰(つぶ)されなければなりませんでした。新しい契約の血です。このぶどう酒は人に力を与える、香り高いぶどう酒です。そして今は、立派なぶどうの木としてぶどう畑に立っておられます。そして憧れている人に、遠くから眺めるだけでなく、また近くに行けるだけでなく、枝のようにつながることを許してくださるというのです。神に憧れても、我が身を思うと近づくことはためらわれた者に、「つながっていなさい。離れないでください。離れたら容赦しませんよ」と言ってくださるのですから、その愛を疑うことはできません。

雅歌（8）1章15～17節
レバノン杉と糸杉の家

（若者の歌）
15　恋人よ、あなたは美しい。
あなたは美しく、その目は鳩のよう。

（おとめの歌）
16　恋しい人、美しいのはあなた
わたしの喜び。
わたしたちの寝床は緑の茂み。
17　レバノン杉が家の梁、糸杉が垂木。

◇◇

【恋の歌】
色の黒いことを気にしているおとめに対して、若者は十分美しいこと、特にその目をほめています。その目は鳩のように美しいというのです。鳩の目ではなく鳩の形をしているということのようです。鳩についての印象は、イスラエルでは、鳴き声は良くなく、りこうではないが、目がかわいい、素直である、翼が強くて遠距離を速く飛ぶ、地面に降り立つときの姿が美しいということが、聖書などを通してわかっています。聖霊が天から降臨するさまが鳩の形であることも、ここから納得できます。
この鳩の形の目を持つおとめが、「美しいのはあなたの方です、あなたはわたしの喜びそのものです」と返します。
「わたしたちの寝床は緑の茂み。レバノン杉が家の梁、糸杉が垂木」とは、なんとも、おおらかな歌です。

◇◇◇

【信仰の歌】

神は肌の色はまったく気にされませんが、自分の中の暗黒を認めている者に対して、呼びかけてくださいます。「キリストがそうなさったのは、言葉を伴う水の洗いによって、教会を清めて聖なるものとし、しみやしわやそのたぐいのものは何一つない、聖なる、汚れのない、栄光に輝く教会を御自分の前に立たせるためでした」（エフェソ5：26―27）。そして、コリントの信徒への手紙二3章18節に「わたしたちは皆、顔の覆いを除かれて、鏡のように主の栄光を映し出しながら、栄光から栄光へと、主と同じ姿に造りかえられていきます。これは主の霊の働きによることです」と言われていますように、神のまなざしに対して、わたしたちが主のみ姿を映し出しているその目は美しいと言ってくださるのです。聖霊が鳩のように降（くだ）って、神を見る目が与えられたなら、わたしたちの花婿をまじまじと見ましょう。

霊的な目をもって、花婿キリストの偉大さ、すばらしさを洞察した魂は、たとえようもない喜びに満たされます。両者の出会う場所はというと、「緑の茂み」と言われています。神と人の会合の場所は、乾燥しておらず、実り豊かな緑地であるはずです。たとえ東京砂漠にあってもです。

その一つであるわたしたちの家、教会がレバノン杉の梁を持ち、糸杉の垂木を持っているとは、どういうことでしょう。梁と垂木について調べてみました。梁とは、屋根を支えるために横に渡す大きな木材です。垂木は、屋根のてっぺんから垂直に降りている木材のことです。レバノン杉も糸杉も良質の木材です（歴代誌下2：7―8）。テモテへの手紙一3章15節には、こう書かれています。「神の家でどのように生活すべきかを知ってもらいたいのです。神の家とは、真理の柱であり土台である生ける神の教会です」。キリストの知識の香りのする堅い信仰でがっちりと支えられた神の家、それが教会の目指す姿と思わされます。

雅歌（9）２章１～４節
愛の旗を掲げてくださいました

（おとめの歌）

1　わたしはシャロンのばら、野のゆり。

（若者の歌）

2　おとめたちの中にいるわたしの恋人は
茨の中に咲きいでたゆりの花。

（おとめの歌）

3　若者たちの中にいるわたしの恋しい人は
森の中に立つりんごの木。
わたしはその木陰を慕って座り
甘い実を口にふくみました。
4　その人はわたしを宴の家に伴い
わたしの上に愛の旗を掲げてくれました。

◇◇◇

【恋の歌】

１節は、訳がきれい過ぎて、誤解を生むかもしれませんが、「わたしは、野生の平凡な花にすぎません」という意味です。

それに対して若者は、「おとめたちの中にいるあなたは、茨の中に咲いている一輪の立派なゆりのようです」と返しています。恋人を見る目には、当人がことさら素晴らしく、周りが霞（かす）んで見えるものです。

それに対しまして、このおとめは、若者をりんごの木にたとえています。

若者の友だちは他の木にたとえられ、茨よりはましです。「わたしの恋人は、他の美しい木の中にいても、ひときわ美しいりんごの木のようです」と言っています。その後は、恋人たちの接吻（せっぷん）や愛の確認など、いろいろと解釈、想像されます。

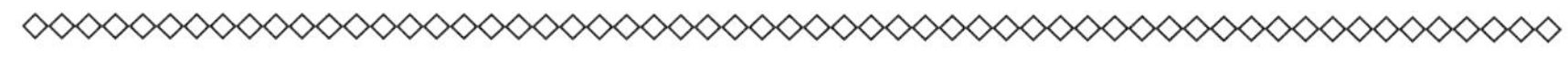

【信仰の歌】

神のみ前で、自分を見つめた人の告白として読むと、わたしは、神のみ前では、平凡な野生の花で、みすぼらしく、香りもない花です、という告白になります。

それに対して、キリストは、信仰者である花嫁に、「あなたは、茨の中に咲きでた一輪のゆりの花です」と言ってくださいます。なぜでしょうか。イエス・キリストの種蒔（ま）きのたとえが思い出されます。「種を蒔く人は、神の言葉を蒔くのである。……また、ほかの人たちは茨の中に蒔かれるものである。この人たちは御言葉を聞くが、この世の思い煩いや富の誘惑、その他いろいろな欲望が心に入り込み、御言葉を覆いふさいで実らない」（マルコ 4：14―19）。彼らは茨の真ん中を突き抜け、この世の思い煩いをはねのけて咲いた花と言えます。

信仰者は、神の木陰、キリストの木陰に座ることを願う者です。この世に生きている人は、人生の過酷な暑さ、熱気から守ってくれる陰を求めます。その中でも一番優れた陰に思われるのは律法ではなかったでしょうか。しかし、その律法にさえ、焼き焦がされる人もいるのです（ローマ 7：11）。律法の陰を歩んでいた人を焼き焦がしたものが、キリストの受難の折、落ちるのが見えました。「既に昼の十二時ごろであった。全地は暗くなり、それが三時まで続いた。太陽は光を失っていた。神殿の垂れ幕が真ん中から裂けた。イエスは大声で叫ばれた。『父よ、わたしの霊を御手にゆだねます。』こう言って息を引き取られた」（ルカ 23：44―46）。ヘブライ人への手紙 10 章 1 節で「いったい、律法には、やがて来る良いことの影があるばかりで、そのものの実体はありません」と言われているとおりです。キリストの木陰で、甘い実（福音）を味わいましょう。

「宴の家」にはお酒とごちそうが付きものです。わたしたちの宴は、パンとぶどう酒の宴です。聖餐と洗礼のことを「聖礼典」と言います。聖礼典とは「サクラメント（Sacramentum）」という言葉の訳です。教会によっていろいろな訳があります。キリストによる奥義を見える形であらわすしるしを、昔の教会はこの言葉で表しました。もともとは軍隊において兵士が軍旗のもとで行った忠誠の誓いのことです。わたしたちの教会には、神がくださった「愛の旗」が掲げられているのです。それに忠誠を誓って行うのが、教会生活です。

雅歌（10）２章５節
神の愛の痛手を受けた者は

（おとめの歌）
5　ぶどうのお菓子でわたしを養い
りんごで力づけてください。
わたしは恋に病んでいますから。

◇◇

【恋の歌】

愛する人とやっと恋を実らせたこのおとめは、別れた後で、非常に深刻な状態に陥っていきます。わたしたちは今、矢が刺さって怪我（けが）をしたり死んだりする危険性はほとんどない平和な時代、国に生きています。しかし、かわいいキューピットの放つ矢はとても痛いものです。中には死に至る人もいます。その人のことばかり思い、世界が遠のき、食事が喉を通らなくなり、眠ることもできず、好きになればなるほど、相手が自分をどれくらい愛してくれているのか不安になり、恋の行方が心配になります。「なぜ会いに来てくれないのか」「会いたい」「こんなことなら出会わなければよかった」と思う「恋の病」の状態が、これから歌われていきます。

◇◇

【信仰の歌】

『雅歌』も佳境に入ってきました。昔の神秘家が「知性の暗夜」と名付けたものです。信仰に入って喜びに満ちていた魂が、落ち込んでくるということがあります。なんとも苦しく、自分自身が汚らわしく思われ、この世のことが何を見ても厭わしく面白くなく、教会に行って人と会うのも煩わしく思われる状態で、ただ神と共にいられればよいという場合と神まで見失ってしまう場合があります。これは誰にも訪れるわけでもなく、優れた信仰者に訪れるとも限らないことですが、そこで信仰を止めてしまわず、踏みとどまることが大事です。これも、恋煩いと同じようにずっと続くわけではなく、やがて晴れ晴れとした神との関係、より強い関係に入ることができます。

第一、恋の病と違って、どれほどわたしたちが愛しても心配はなく、神の愛の方が大きいのです。「わたしたちが神を愛したのではなく、神がわたしたちを愛して、わたしたちの罪を償ういけにえとして、御子をお遣わしになりました。ここに愛があります」（ヨハネ一 4：10）。この神の愛の矢の痛手を受けた者、キリストの教会は、「ぶどうのお菓子」で養われなければなりません。聖餐は、信仰者の魂に、甘美な果実としてご自分を差し出されたキリストの体と血です。この神の愛の衝撃を受けた者は、活気を取り戻すべく、これらによって喜んで養われなければなりません。

平和な世にあっても、わたしたちの心を狙うもう一つの矢があります。これは、悪魔の放つ矢であまり痛くないことが多いのです。しかしエフェソの信徒への手紙 6 章 16 節には「信仰を盾として取りなさい。それによって、悪い者の放つ火の矢をことごとく消すことができるのです」と書かれています。十字架という神の愛の痛手を受けた者を、罪の誘惑、疑いや倦怠という闇からも守ってくださり、自分もこの世も肯定して、神に仕える幸いな信仰者としてくださいますように、また教会にもう来ることができなくなった人たちが、ひたすら神に近づいて過ごすことができますように、祈ります。

雅歌（11）２章６節
神の左の腕と右の腕

（おとめの歌）
６　あの人が左の腕をわたしの頭の下に伸べ
右の腕でわたしを抱いてくださればよいのに。

◇◇

【恋の歌】

愛する人が不在の時、おとめが気持ちを詠（よ）んだ歌です。

◇◇

【信仰の歌】

旧約聖書の箴言に幸いな人の姿として、「右の手には長寿を／左の手には富と名誉を持っている」（3：16）というところがあります。これを、神さまに当てはめてみるとどうなるでしょうか。

キリストの花嫁であるキリスト者、また教会も、キリストにその左腕で頭を支え、その右腕で抱きしめてくださいと願い求めなければなりません。

まず左手から考えてみましょう。神の富とは、神の名誉（栄光）とは何でしょうか。教会が頂いた神の富とは、富んでおられたのに貧しくなられた方から得たものでした。フィリピの信徒への手紙４章19節には「わたしの神は、御自分の栄光の富に応じて、キリスト・イエスによって、あなたがたに必要なものをすべて満たしてくださいます」と言われています。そして、コリントの信徒への手紙二８章９節には「あなたがたは、わたしたちの主イエス・キリストの恵みを知っています。すなわち、主は豊かであったのに、あなたがたのために貧しくなられた。それは、主の貧しさによって、あなたがたが豊かになるためだったのです」と言われています。さらにヨハネによる福音書12章27―28節に「今、わたしは心騒ぐ。何と言おうか。『父よ、わたしをこの時から救ってください』と言おうか。しかし、わたしはまさにこの時のために来たのだ。父よ、御名の栄光を現してください」と記されています。教会の富とは、キリストの受難に対する知識と信仰です。そして、それこそが教会の名誉、栄光です。それで「あなたがたは信仰、言葉、知識、あらゆる熱心、わたしたちから受ける愛など、すべての点で豊かなのですから、この慈善の業においても豊かな者となりなさい」（コリント二8：7）と言われているのです。

次に右手に持っておられるのは何でしょうか。神の長寿とは、神の永遠性です。ヨハネによる福音書1章1節に「初めに言があった。言は神と共にあった。言は神であった」と記され、14節に「言は肉となって、わたしたちの間に宿られた」と記されています。エフェソの信徒への手紙1章4節には「天地創造の前に、神はわたしたちを愛して、御自分の前で聖なる者、汚れのない者にしようと、キリストにおいてお選びになりました」と言われています。

左手は「受肉のキリストによる恵み」、右手は「先在のキリストによる恵み」と言ってもよいでしょう。キリストの富と名誉に支えられ、キリストによって頂いた神の永遠の命に包まれているのがキリスト教徒であり、教会のあるべき姿です。

「平和のうちに身を横たえ、わたしは眠ります。主よ、あなただけが、確かに／わたしをここに住まわせてくださるのです」（詩編4：9）。

雅歌（12）２章７節
愛し過ぎるということはない

（おとめの歌）
7　エルサレムのおとめたちよ
野のかもしか、雌鹿にかけて誓ってください
愛がそれを望むまでは
愛を呼びさまさないと。

◇◇

【恋の歌】

恋するおとめが詠んだ歌です。誓うにしては変なものに思われますが、多分彼女たちの間でよく知っているものの中で好ましいものなのでしょう。かもしかは、先の２章９節で「恋しい人はかもしかのよう」と言われ、また人名にも使われています。使徒言行録９章36―43に出てきます「タビタ」（アラム語）という女性の名は、かもしかという意味です。

「愛がそれを望むまでは／愛を呼びさまさないと」の、前の愛は若者の愛、後の愛はおとめの愛でしょう。自分の愛が大きくなっていくにつれ、将来に不安を感じてきました。もし相手がそれほど愛していないのならば、わたしの愛がこれ以上大きくなりませんように。つらい思いをしないですむように。どうかわたしの中にある愛を眠りから起こさないでください。

◇◇

【信仰の歌】

わたしたちは、自分の友だちや大好きな人が、自分が愛しているほどには

自分を愛してくれていないことが分かった時、がっかりするものです。しかし神さまは、そういう心配はまったくないので、好きになり過ぎるということはありません。神の愛は、「熱情の神（ねたむ神＝口語訳）」（出エジプト記 20:5）というほど、恐ろしく強く、主イエスの愛はあまねく測りがたいほど大きいので、神をどれほど愛しても愛し過ぎるということはありません。安心して愛せばよいのです。主イエスは花婿のような情熱的な愛で、人の魂を愛してくださる方です。

ところでここは、神への愛に眠っている者を起こさないようにとも読めるところです。どういうことでしょうか。眠りは聖書の中で、いろいろな意味があります。ルカによる福音書 9 章 32—33 節に「ペトロと仲間は、ひどく眠かったが、じっとこらえていると、栄光に輝くイエスと、そばに立っている二人の人が見えた。その二人がイエスから離れようとしたとき、ペトロがイエスに言った。『先生、わたしたちがここにいるのはすばらしいことです。……』」。またヨハネによる福音書 11 章 11—13 節に「その後で言われた。『わたしたちの友ラザロが眠っている。しかし、わたしは彼を起こしに行く。』弟子たちは、『主よ、眠っているのであれば、助かるでしょう』と言った。イエスはラザロの死について話されたのだが、弟子たちは、ただ眠りについて話されたものと思ったのである」とあります。しかし 4 節に「この病気は死で終わるものではない。神の栄光のためである」と言われています。この聖句は、『死に至る病』（セーレン・キェルケゴール著）の基になった言葉です。

イエス・キリストによって、神と和解し、神を愛し始めた人は、神に憩う時を持つことが大切です。神に憩う前に奉仕を始めると、長続きしないということになります。憩った人は、喜々として教会で奉仕の活動をし、この神との交わりに養われつつ、神と人に仕えていきたいものです。

雅歌（13）２章８節
山を越え丘を越えてくる声

（おとめの歌）

８　恋しい人の声が聞こえます。
山を越え、丘を跳んでやって来ます。

◇◇

【恋の歌】

山の向こうに住んでいる恋しい人のことを思うと、目には見えないその人の声がふと聞こえてくるような気がしました。聞き覚えのあるその声が、山を越え、丘を越えて、風に乗って走るように、ものすごいスピードで自分の所にやって来ました。恋しい人が生きている場合は、その人のいる方角から声はやって来るものです。また、声が聞きたいのであれば今なら電話をかければいいわけですが、電話をするほどの間柄ではない頃のことを思い出してください。

声が聞こえたように思っていると、やがて彼は本当にやって来て、おとめに語りかけるのですが、現実なのか空想なのかわからないような書き方がされています。

◇◇

【信仰の歌】

信仰の歌としては、恋しい人とはもちろん、神またはキリストのことです。この場合、「山や丘」は何を表しているのかという問題があります。天の神・キリストと地にある人の魂の間にあるものです。それは、空中の諸霊であり、良い霊と悪い霊が考えられます。

まず悪い霊から考えてみましょう。それは信仰者の魂と神の間に立ちはだかり、愛する神を見えなくしてしまうものです。それは、第一に忘恩の霊です。「あなたがたは、キリストと共に死んで、世を支配する諸霊とは何の関係もないのなら、なぜ、まだ世に属しているかのように生き」（コロサイ2：20）るのですか。キリストによって救っていただいたのに、初めの感激から時がたつと、キリストのことを忘れてしまうことがあります。第二に疑いの霊です。「この世を支配する者、かの空中に勢力を持つ者、すなわち、不従順な者たちの内に今も働く霊」（エフェソ2:2）です。第三に高ぶりの霊です。「『神は、高慢な者を敵とし、／謙遜な者には恵みをお与えになる。』だから、神に服従し、悪魔に反抗しなさい。そうすれば、悪魔はあなたがたから逃げて行きます」（ヤコブ4：6―7)。高ぶりという病気に感染していないか、神の前で反省することも大事です。ただ高慢な人は、人から嫌われるので自分でも気がつくものですが、この悪い霊は人からほめられるような人に、神から与えられたものや良い業の誉れを自分自身の手柄にさせようとします。花婿キリストの声が愛する者の所へ大小の障害物を飛び越えて来てくださったとき、それに気づきましょう。「実に、信仰は聞くことにより、しかも、キリストの言葉を聞くことによって始まるのです」（ローマ10：17)。

次に、神と人の間にある良い霊のことを考えてみましょう。良い霊とは聖霊（風）ですが、この「山や丘」は、大天使たちと小さな天使たちの住んでいる場所であるという見方も、伝統的にあります。花婿キリストが愛する者の所へ、山や丘を飛び越えて来るのを、花嫁なる教会はいつも迎えるのです。天のいと高き所から、地のいと低き所に至るまでの跳躍です。キリストのお誕生の時、「すると、突然、この天使に天の大軍が加わり、神を賛美して言った」という記事があります（ルカ2：13)。天から地上に来られる時、天使のすみかを通り、彼らを巻き込んでやって来られたというロマンティックな解釈です。この良い「おとずれ」を、耳を澄まして、いつも聞き逃さないようにしたいものです。

雅歌（14）２章９節
格子窓から

（おとめの歌）

９　恋しい人はかもしかのよう
若い雄鹿のようです。
ごらんなさい、もう家の外に立って
窓からうかがい
格子の外からのぞいています。

◇◇

【恋の歌】

遠くにいるはずの恋人の声が聞こえ（8節）、「家の格子窓からのぞいているような気がする」と、おとめは歌っています。

◇◇

【信仰の歌】

神が人間に近づき、家の外に立って窓からのぞいておられる、ということはどういうことでしょうか。この「家」とは、人間の体（肉体）と思われます。しかし「体を住みかとしているかぎり、主から離れていることも知っています」（コリント二5：6）と言われています。イザヤ書59章1―2節には「主の手が短くて救えないのではない。主の耳が鈍くて聞こえないのでもない。むしろお前たちの悪が／神とお前たちの間を隔て／お前たちの罪が神の御顔を隠させ／お前たちに耳を傾けられるのを妨げているのだ」と言われています。神がこの格子のある窓からのぞいてごらんになったものは、人間の魂の罪であったのです。

この隔てを取り去ってくださったのが、御子キリストです。「御自分の肉において敵意という隔ての壁を取り壊し、規則と戒律ずくめの律法を廃棄されました」（エフェソ2：14—15）。そして「十字架を通して、両者を一つの体として神と和解させ、十字架によって敵意を滅ぼされました」（エフェソ2：16）。キリストはわたしたちの平和です。神と人との平和、人と人との平和を実現してくださる方です。平和運動をしている人の中で必ずしもそう思っていない人がいますが、多分そういう人たちは、もとから神と和解している人たちなのでしょう。ここに伝道の難しさがあります。

さて、隔てているもの（肉の罪）が取り払われた者は、今度はどうしたらよいのでしょうか。神にのぞいていただくことは、霊的な生活の進歩に必要なことです。目に見えない格子窓から、神に向かって罪の告白を絶えずするようにしましょう。せっかく神の御子キリストが、十字架によって神と和解させてくださったのに、人は神との間に何重にも壁を作ってしまうことがあります。肉欲、誘惑の承認、罪の習慣、善の軽視などによってです。「打ち砕かれ悔いる心を／神よ、あなたは侮られません」（詩編51：19）と言われています。

神がわたしたちの魂をのぞかれるこの窓からささげる、もう一つの告白があります。それは、神から頂いた恵みに対する感謝・賛美の告白です。窓を大きく開いて、神の慈しみと救いのみ業を回想するとき、溢れてくる神への感謝と賛美をささげましょう。

この2種類の告白をこの格子窓からささげたいものです。雅歌は婚礼の歌です。礼拝は、花嫁である教会が花婿に向けて歌をささげる時でもあります。教会の喜びを、盛大にささげる時です。ヘブライ人への手紙13章15—16節にはこう書かれています。「だから、イエスを通して賛美のいけにえ、すなわち御名をたたえる唇の実を、絶えず神に献げましょう。善い行いと施しとを忘れないでください」。

雅歌（15）2章10節
神から語りかけられる者は幸い

（おとめの歌）
10　恋しい人は言います。
「恋人よ、美しいひとよ
さあ、立って出ておいで。

◇◇

【恋の歌】
恋人を待ち焦がれていたおとめは、とうとうその人が家の外に立って、こちらをのぞいているのを見ます。しかし、自信のないこのおとめは、自分から出て行くことができず、呼んでくれるのを待っています。「恋人よ、美しい人よ。さあ、立って出ておいで」（と呼んでくれたらよいのになあ）。

◇◇

【信仰の歌】
神を求める人の魂に、神さまはこのように語りかけてくださるものと思われます。わたしたちの花婿は、はるかな神の国からやって来られました。神は旧約の時代イスラエルの民に近づき、預言者たちに近づき、とうとう肉を取り（受肉）、あらゆる人に近づいてくださいました。同時代の人々にご自分を示し、後世の人たちのためにも神の国についてさまざまなことを教えるために、人々に話しかけられました。これが、花婿キリストの生涯です。主は、注意深く来訪を待っている人を素通りされず、立ち止まり、親しく話しかけてくださいます。

そう言えば、キリストから見つめられて泣いた人がいましたね。「主は振り向いてペトロを見つめられた。ペトロは、『今日、鶏が鳴く前に、あなたは三度わたしを知らないと言うだろう』と言われた主の言葉を思い出した。そして外に出て、激しく泣いた」（ルカ 22：61―62）。ペトロは、主がふりむいて見つめられた時のまなざしは、怒りのまなざしであって、愛のまなざしではないと思ったことでしょう。しかし、主はペトロに次に出会った時も、語りかけてくださったのです。

神の訪れのしるしは、クレルヴォーのベルナルドゥスによると五つあるということです*。第一は良い勧めです。外から、ある信仰者から、また内なる聖霊から、良い勧告があったときです。第二は叱責、第三は励ましです。聖書の話を聞いて喜びを感じたときです。第四に痛悔です。御言葉を聞いて罪を思い出し、後悔の気持ちを起こしたときです。第五が回心です。

このような人に神は、「美しい人よ」と語りかけてくださいます。恋しい人に見つめられたこのおとめは、喜びと自らの愛のためにより美しく見えたことでしょう。そのように、キリストに造りかえられ、キリストを愛する者の目にはキリストが映っている故に、神は美しい者と見てくださるのです。「人は皆、罪を犯して神の栄光を受けられなくなっていますが、ただキリスト・イエスによる贖いの業を通して、神の恵みにより無償で義とされるのです」（ローマ 3：23―24）。

「さあ、立って出ておいで（ごらん、冬は去り、雨の季節は終わった）」。花婿キリストは花嫁に、さあ、立って出ておいで、活動の時がきました、と語りかけられるときがあります。この急き立てる言葉を、おとめは嫌々でなく、喜んで聞いたことでしょう。わたしたちはこの活動に一人で出て行くのではなく、キリストに手を取られて出て行くのです。「わたしの花嫁さん、行動を起こす時が来ました」と花婿キリストは、花嫁である教会につらなる一人一人にふさわしい奉仕を与えてくださるのです。

*『雅歌について』3 巻、214―220 頁参照。

雅歌（16）2章11～12節（一）
花開いた信仰

（おとめの歌）

11　ごらん、冬は去り、雨の季節は終った。

12　花は地に咲きいで、小鳥の歌うときが来た。……

◇◇

【恋の歌】

冷たい雨のため、誰も畑に出て働くことができなかった季節、このおとめも恋のために鬱々（うつうつ）と時を過ごして引きこもっていました。しかし、恋しい人に呼ばれ、窓の外を見ると、早春が訪れていました。花が咲き始め、小鳥が歌い始めていました。冬は去り、雨の季節は終わったのです。

◇◇

【信仰の歌】

信仰の冬の季節とは何でしょうか。それは、主イエスがバプテスマのヨハネの預言に続いて、公に姿を現された時から聖霊降臨の日まで、と取ることができます。「五旬祭の日が来て、一同が一つになって集まっていると、突然、激しい風が吹いて来るような音が天から聞こえ、彼らが座っていた家中に響いた。そして、炎のような舌が分かれ分かれに現れ、一人一人の上にとどまった」（使徒言行録2：1―3）。天からの火で、信仰者の魂を暖める聖霊が降った日です。受難の夜、たき火にあたっていたペトロ（ルカ22：56―57）は冬の季節を過ごし、やがて聖霊によって、キリストのぶどう園に遣わされました。「すると、ペトロは十一人と共に立って、声を張り上げ、話し始めた」（使徒言行録2：14)。「『だから、イスラエルの全家は、はっきり知らなくてはなりません。あなたがたが十字架につけて殺したイエスを、神は主とし、またメシアとなさったのです。』……ペトロの言葉を受け入れた人々は洗礼を受け、その日に三千人ほどが仲間に加わった」(使徒言行録2：36—41)。キリストのぶどう畑で、最初に聖霊の初穂を頂いた人たち、信仰という花を咲かせた人たちです。

雨の季節とは何でしょうか。雨は植物を育てるものです。「ほかの種は石地に落ち、芽は出たが、水気がないので枯れてしまった」(ルカ8：6)。ペトロの説教を聞いて、最初の日3千人、翌日5千人（使徒言行録4:4)、イエス・キリストを信じた人がいたと伝えられています。主なる神は毎日多くの花を、救われる人を、信者の仲間に加えてくださったのです。しかし、雨には良い雨と悪い雨があります。良い頃合いにやまないと、実を流してしまいます。どちらにしても、伝道の実を結ばない時代があります。またいつか、冬の雨がやむ時代が来ることがあると思います。

「花は地に咲きいで、小鳥の歌うときが来た」。魂の冬の時代からキリストによって救われた人は、せっかく開花した信仰の花を保たなければなりません。魂の冬とは、ある人にとっては「神のいなかった寒い季節」でしょう。またある人にとっては「たとえ神を信じていても神への愛を伴わなかった、神を恐れるだけの季節」でしょう。暖かい太陽が昇って、過去の罪への苦い回想、流した涙が乾いた後、神の恵みが楽しい春のように心を訪れたとき、することはこの花を保つことです。その方法は、たとえば、花婿キリストの呼びかけを聞き続けること、憐(あわ)れみを受け続けること、罪の告白をし続けることなどです。

雅歌（17）2章11～12節（二）
春を告げる山鳩の声

（おとめの歌）
11　ごらん、冬は去り、雨の季節は終った。
12　花は地に咲きいで、小鳥の歌うときが来た。
この里にも山鳩の声が聞こえる。

◇◇

【恋の歌】
恋しい人の愛が信じられなくもあり、鬱々と時を過ごして引きこもっていたおとめに、恋しい人が呼びかけてくれました。さあ、花が咲き、山鳩の声が聞こえる春の大地に出ておいで。

◇◇

【信仰の歌】
「花は地に咲きいで、小鳥の歌うときが来た」。この「花」を前回は、魂の冬の時代からキリストによって救われた人の「信仰」として読む説教をいたしました。また、この魂の冬の時代が終わって咲いた花を「キリストの復活体」と読むこともできます。わたしたちの大地に初めて咲いた「永遠の花」です。「キリストは死者の中から復活し、眠りについた人たちの初穂となられました。死が一人の人によって来たのだから、死者の復活も一人の人によって来るのです。つまり、アダムによってすべての人が死ぬことになったように、キリストによってすべての人が生かされることになるのです」（コリント一15：20―22）。

「花は地に咲きいで、小鳥の歌うときが来た」。これは、神がその花嫁に呼びかける声、キリストの花嫁なる教会に対する愛の呼びかけの声です。「小鳥」と訳された鳥は、渡り鳥です。パレスチナの地には、350種余りの渡り鳥がいたそうです。どの鳥かわかりませんが、春になるとやって来る小さい鳥の総称です。それに対して、「山鳩」の名が記されています。山鳩はこの地には4月ごろ訪れて春を告げる鳥であったようです。正確に時を知っているこれらの鳥に対して、人間が時を知らない愚かな者であることをエレミヤが嘆いているところがあります。「空を飛ぶこうのとりもその季節を知っている。山鳩もつばめも鶴も、渡るときを守る。しかし、わが民は主の定めを知ろうとしない」（エレミヤ書8：7）。

また鳥の中では、山鳩と家鳩が贖罪の献げ物として選ばれました。レビ記5章7―9節に書かれています。「貧しくて羊や山羊に手が届かない場合、犯した罪の代償として二羽の山鳩または二羽の家鳩、すなわち一羽を贖罪の献げ物として、もう一羽を焼き尽くす献げ物として、主にささげる。彼がそれを祭司のもとに携えて行くと、祭司は初めに贖罪の献げ物の鳩を祭壇にささげる。まずその首をひねり、胴から離さずにおく。次に、贖罪の献げ物の血を祭壇の側面に振りまき、残りの血を祭壇の基に絞り出す。これが贖罪の献げ物である」。主イエスが誕生されたころのエルサレム神殿への宮詣が思い出されます。「さて、モーセの律法に定められた彼らの清めの期間が過ぎたとき、両親はその子を主に献げるため、エルサレムに連れて行った。それは主の律法に、『初めて生まれる男子は皆、主のために聖別される』と書いてあるからである。また、主の律法に言われているとおりに、山鳩一つがいか、家鳩の雛二羽をいけにえとして献げるためであった」（ルカ2：22―24）。この幼子がまさかすべての人の罪を贖う犠牲の献げ物となるとは、この時彼らも思わなかったことでしょう。十字架の血による救いの到来、魂の春の到来を、かしこんで受けたいものです。

雅歌（18）2章13節
さらに神に近づきなさい

（おとめの歌）
13　いちじくの実は熟し、ぶどうの花は香る。
恋人よ、美しいひとよ
さあ、立って出ておいで。

◇◇◇

【恋の歌】

有島武郎の『一房の葡萄（ぶどう）』とは違う「一房の葡萄」の話が、民数記13章23節に出てきます。「一房のぶどうの付いた枝を切り取り、棒に下げ、二人で担いだ」という、商店街で見かける飾り物のような巨大なぶどうです。この箇所には、いちじくも出てきます。これもまた立派な秋いちじくでしょう。しかし雅歌に歌われているいちじくは、早春に実る小さいいちじくの実です。黙示録6章13節に「天の星は地上に落ちた。まるで、いちじくの青い実が、大風に揺さぶられて振り落とされるようだった」と書かれているいちじくの実です。風が吹くたびに落ちてしまう小さないちじくで、農家の人は拾って食べるけれど、市場にはほとんど出回らない品であるようです。冬、恋のため悲しみの中を過ごした未熟で可憐（かれん）なおとめに向かって、恋人は自分の腕を広げて、「さあ、立って出ておいで」と促してくれました。

◇◇◇

【信仰の歌】

聖書を読んでつまずく箇所として、いちじくの木を主イエスが呪った箇所

(マルコ11:12—14など)があります。バートランド・ラッセル(イギリスの哲学者)のようなパラドックスが好きな人まで、この箇所でキリストが嫌いになったと言っています*。ですから、聖書は書店で買って家で読むものではなく、やはり最初は教会で読むべきものと思われます。

さて、花婿（御言葉）は花嫁である信仰者、求道者に対して、霊的な春を見せ「さあ、立って出ておいで」と、ここで語られている春を楽しむように急き立てます。神は、信じる魂に向かって、罪の苦しみであった冬が過ぎ去ったことを明らかに告げます。しかし完全な果実ではない実、信仰の芽ばえの実が与えられることがあります。それを成長させてくださるのは神さまです。将来甘美な実をつけることを予告する「青い実」です。

ぶどうの木はいちじくの木に抱きついて伸びることもあるようですが、3月には芽が出て新しい枝が伸びはじめ、4月早々に香りの高い花をつけ、実になり始めるそうです。その時、実のない枝を剪定(せんてい)刀で切り取り、少数の枝に勢力を集中させます。雅歌には、花嫁が御言葉によって向上していくさまが描かれています。神は、格子窓（雅歌2：9）から光であるキリストを送り、この光に近づき、キリストを目に映した者を美しい者と認め（義認)、さらに、「さあ、立って出ておいで」と呼びかけてくださるのです。さらに主に近づくようにと。主に向かって疾走する者の前には、広大な地平がさらに広がっています。御言葉に対する渇きも増大します。主イエス・キリストの花嫁(教会の人たち）は、喜びのうちに自発的に主を追いかけてゆきたいものです。

わたしたちが神に近づくことにおいて、これでよいということはなく、呼び出され続けていることは感謝です。礼拝生活、信仰生活を通して、生涯主に近づき続ける幸いな者とされました。時には停滞し、また途絶えることさえありましても、生涯の最後には神のみ前に戻り、この神の愛に答え、主を愛する人生でよかったと告白できるものとなりたいものです。

---

*「なぜ私はキリスト教徒でないか」『宗教は必要か』大竹勝訳、荒地出版社、1959年、26—27頁。

雅歌（19）2章14節
キリストの御傷の中

（おとめの歌）

14　岩の裂け目、崖の穴にひそむわたしの鳩よ
姿を見せ、声を聞かせておくれ。
お前の声は快く、お前の姿は愛らしい。」

◇◇

【恋の歌】

若者のおとめに対する愛のささやきです。また、おとめのかわいらしさも歌われています。「あなたは、岩の裂け目や崖の穴に隠れている鳩のようですね。わたしに愛らしい姿を見せ、快い声を聞かせておくれ」。

◇◇

【信仰の歌】

神は人間の魂と、隠れた所で出会うことを望んでおられることが、聖書には書かれています（マタイ6：6）。ところで、この「岩の裂け目」とは何でしょうか。神は岩によくたとえられています（詩編89:27「わたしの神、救いの岩」など）。また出エジプト記には、モーセに率いられた民が砂漠で飲み水がなくなった時、神さまが不思議な岩から水を出してくださったという話があります（17：1―6）。そして、コリントの信徒への手紙一10章4節にはこのように書かれています。「皆が同じ霊的な飲み物を飲みました。彼らが飲んだのは、自分たちに離れずについて来た霊的な岩からでしたが、この岩こそキリストだったのです」。この岩の裂け目は、キリストの裂け目ではないでし

ょうか。キリストは、トマスに「あなたの指をここに当てて、わたしの手を見なさい。また、あなたの手を伸ばし、わたしのわき腹に入れなさい。信じない者ではなく、信じる者になりなさい」と言われました（ヨハネ20：27）。この岩の裂け目、キリストの御傷のおかげで、人は罪からの救いという恵みの信仰を得たのです。まさにキリスト信仰者とは、この「キリストの御傷の中に住んでいる者」と言えます。

さて、言い直されています「崖の穴」とは何でしょうか。崖は危険な所です。危険に満ちた世界や人生とも考えられます。地震や病気などです。しかしこれは、わたしたちの人生の中で、魂にとっての危険のことです。それは、世間の誘惑、肉体の誘惑、悪魔（罪）の誘惑などです。さらに良心の責めとして感じられる神の咎(とが)めが、人を絶望の崖っぷちに追いやるのではないでしょうか。この崖の中の穴とは、このような魂が、安らげる場所です。キリストの御傷の中と同じ場所です。罪の赦しのしるしであるキリストの御傷、それによって、神から肯定されて生きることができるからです。「彼が刺し貫かれたのは／わたしたちの背きのためであり／彼が打ち砕かれたのは／わたしたちの咎のためであった。彼の受けた懲らしめによって／わたしたちに平和が与えられ／彼の受けた傷によって、わたしたちはいやされた」と言われています（イザヤ書53：5）。イエスの死によって赦されない罪、いやされないほどの絶望という病はないのです。キリスト教の福音は、この苦難のしもべが、神の御子であるという驚くべき救いです。神の御心の秘密は、その御体の傷をとおして、明らかにされました。「しかし、イエスは大声を出して息を引き取られた。すると、神殿の垂れ幕が上から下まで真っ二つに裂けた」（マルコ15：37―38）。こうして、神の御子の御傷の門から、わたしたちをご自分のお住まいになる至聖所の中に入らせてくださったのです。

この神と和解した人が集まっている場所が教会ですから、この「崖の穴」は教会と解釈することもできます。

教会の人々の姿、声は、いろいろですが、神はキリストの故に好ましいと思ってくださるのですから、呼びかけに応えてわたしたちは我を忘れることができ、ただ愛する方のことだけを思って礼拝できるのです。

雅歌（20）2章15節
ぶどう畑を荒らす狐たち

（おとめの歌）
15　狐たちをつかまえてください
ぶどう畑を荒らす小狐を。
わたしたちのぶどう畑は花盛りですから。

◇◇

【恋の歌】

おとめのこの言葉は、誰に向けて発せられているのでしょう。若者に、ぶどう畑を荒らす狐をつかまえてくれるように頼んだのでしょうか。そうして、若者は出かけていって、その帰りを待っていたけれど、帰ってこなかったということでしょうか。あるいは、おとめは7節のように、「おとめたち」に頼んでいるのでしょうか。おとめと若者がデートをする花盛りのぶどう畑が荒らされないように、狐たちをつかまえておいてくださいと。この新共同訳聖書では、2章10節からの若者の言葉も、おとめが言っているのです。若者は、はたして、本当に来たのでしょうか。

花盛りのぶどう畑に忍び込む不吉なもの、狐がいるという、意味深長な恋の歌とも言えます。

◇◇

【信仰の歌】

この「狐」とは何であるのかということは、昔から大問題になっています。多くの人が考えたようです。オリゲネスは「わたしの思いますには、この言葉が神のロゴスと結ばれた魂に関するものと考えれば、子ぎつねとは悪魔に属する〔わたしたちに〕反対する霊、よこしまな悪霊たちのことと解釈したらよいでしょう」と言っています*。ぶどう畑と狐の霊的な意味は何でしょうか。人間の生まれつきの心を考えてみますと、畑のように、放っておいて手入れを怠ると、雑草で草ぼうぼうになります。しかしいくら手入れをして、教養を身に着け、情操を養い、自分をみがいても、人間の生命の中には霊的喜びのぶどう酒になるぶどうの木は生えていないのです。人が神と出会い、キリストと出会って、初めて花盛りのぶどう畑のような魂を持つことができるのです。砂漠に水が引かれ、命の木が生え、花が咲き、やがて実をつける畑になるのです。花盛りのぶどう畑とは、救われた「信仰者の心」とも言えます。また信仰の花の畑である「教会」とも言えます。

そして、そのぶどう畑を荒らすこの狐は、心を神から引き離すもの、ずる賢い狐のように、ひそかに罠(わな)をしかけるものです。それが第一に人である場合は、逃げてもよい場合もありますし、また対話することも大切です。異端の中でも偉大な異端は、反面教師になってくれるだけでなく、信仰について深く考えるきっかけも与えてくれます。第二に、自分たちの心の中に生まれた、神から離そうとする狐について、考えてみましょう。信仰生活よりもっと大切なことがあるのではないか。教会に行く時間、もっと世のためになる仕事をする方がいいのではないか。また逆のようですが、自分だけ救われて、平安であればいいという考えがあります。また、自分は教会でいつも働いていなければいけないと思っていたのに、働けなくなって空しいと思わせるものがあります。その他、「絶望」(「不運な人はその手に陥り／倒れ、うずくまり／心に思う／『神はわたしをお忘れになった。御顔を隠し、永久に顧みてくださらない』と」詩編 10：10―11）があります。またキリストや教会への恩を忘れたことからくる「高ぶり」(「満ち足りている。何一つ必要なものはない」ヨハネの黙示録 3:17）などが挙げられます。

しかし、わたしたちの心から小狐たちを追い出してくださる狩人であるキリストがおられるのです。主イエス・キリストは「狐には穴があり、空の鳥

---

*『雅歌注解・講話』224 頁。

には巣がある。だが、人の子には枕する所もない」（マタイ８：20）と言われたことを思い出します。主キリストに、わたしたちの心が小狐の巣とならずに、キリストの枕する所となってくださるように願い、祈りたいものです。

雅歌（21）2章16節
ゆりの中で群れを飼っている人

（おとめの歌）
16　恋しいあの人はわたしのもの
わたしはあの人のもの
ゆりの中で群れを飼っている人のもの。

◇◇◇

【恋の歌】

人を自分の持ち物のように思うことや、自分を誰かの持ち物のように考えることは、ふつうはしてはいけないことです。しかしこれは、恋人に対する愛の告白なのです。あの人をポケットに入れていつも一緒にいたい。自分があの人のポケットの中のハンカチーフだったらよいのになあ……などなど。

そして「ゆりの中で群れを飼っている人」と、牧場で羊を飼っている美しい若者の姿を美化したイメージの歌が歌われています。このゆりはパレスチナに咲く「白ゆり」で、真っ白な、凛々（りり）しく、優しい花です。

◇◇◇

【信仰の歌】

恋人たちの愛の告白に似た、愛し愛される神と人の姿が、イザヤ書の中に描かれています。62章5節「若者がおとめをめとるように／あなたを再建される方があなたをめとり／花婿が花嫁を喜びとするように／あなたの神はあなたを喜びとされる」。

キリストと信仰者のわたしとの関係は、わたしの内にキリストがおられ、またキリストの中にわたしが憩う、というような関係です。「生きているのは、もはやわたしではありません。キリストがわたしの内に生きておられるのです。わたしが今、肉において生きているのは、わたしを愛し、わたしのために身を献げられた神の子に対する信仰によるものです」（ガラテヤ 2:20）。「また、彼らのためだけでなく、彼らの言葉によってわたしを信じる人々のためにも、お願いします。父よ、あなたがわたしの内におられ、わたしがあなたの内にいるように、すべての人を一つにしてください。彼らもわたしたちの内にいるようにしてください」（ヨハネ 17：20―21）。

「草は枯れ、花はしぼむが／わたしたちの神の言葉はとこしえに立つ」と言われています（イザヤ 40：8）。はかない植物の中でも「ゆり」は、おとめマリアの純潔の象徴として選ばれた花です。ダビンチやボッティチェリなど多くの受胎告知の絵画の中で、天使ガブリエルが、ゆりの花を持って描かれています。そして、ルカによる福音書の 1 章 41 節から 43 節にはこう書かれています。「マリアの挨拶をエリサベトが聞いたとき、その胎内の子がおどった。エリサベトは聖霊に満たされて、声高らかに言った。『あなたは女の中で祝福された方です。胎内のお子さまも祝福されています。わたしの主のお母さまがわたしのところに来てくださるとは、どういうわけでしょう』」。イエス・キリストをお腹に宿したマリアのように、信仰者は心の中にキリストに住んでいただきたいものです。またゆりの花は、越冬して咲く花です。ゆりは、復活のキリストを表す花ともされています。この「マドンナリリー」（イースターリリー）も、今ではシラユリから日本の大輪のテッポウユリに変わって、多くの国に輸出されているそうです。

イエス・キリストは、人の罪のために死ぬ定めを持って生まれてこられた羊飼いです。聖霊を受けてキリストを宿したマリアは、「教会」にもたとえられています。わたしは「ゆりの中で群れを飼っている人のもの」――ゆりがマリアとキリストの復活を表すこととなることには、雅歌のこの箇所も一役買っているのです。

雅歌（22）2章17節
夕べの風が騒ぐ前に

（おとめの歌）

17　夕べの風が騒ぎ、影が闇にまぎれる前に
恋しい人よ、どうか
かもしかのように、若い雄鹿のように
深い山へ帰って来てください。

【恋の歌】

「恋しい人よ、どうか、深い山に帰って来てください」。今までのことが、おとめの想像にすぎなかったかのように、おとめは若者が来るのをひたすら待っています。せっかく訪ねてきた若者を家に入れず、難しい注文をしたからかもしれません。おとめの後悔と絶望と願いが歌われています。

「夕べの風が騒ぎ、影が闇にまぎれる前に」、顔の見分けがつかなくなる夕暮れ（黄昏時）になる前に、どうかこの深い山に帰ってください。一日千秋の思いで待っているおとめが、今日が終わる前に帰ってください、と言っています。また、人生の夕暮れ、自分がおばあさんになってしまって、たとえ来てくれても手遅れにならないうちに、どうか深く思っているこの自分の所へ帰ってきてくださいと、願いと焦りの混じった、しかし、変わらない強い愛を表現していると言えます。「かもしかのように、若い雄鹿のように」は、ただ早さだけでなく、若者の凛々しい姿を思っているわけで、ここにもおとめの愛情が感じられます。

【信仰の歌】

信仰者が、会いたいと願っている恋しい人とは、イエス・キリストとも、御言葉のこととも読めます。「夕べの風が騒ぐ前に」――そう言えば、罪に落ちたアダムとエバを神が訪ねてくださったのも、風の吹くころ、美しい夕暮れでした。神が訪ねてくださったのに、人は神から身を隠しました（創世記 3：8―10）。

「帰って来てください」という言葉は第一に、神の人間への呼びかけと受け取れます。子どもも求道者の人も、人生の夕暮れになる前に、あまり年を取って手遅れになる前に、神のもとに、深いふところに帰って来てほしいという神さまの呼びかけです。コヘレトの言葉 12 章 1 節にはこう書かれています。「青春の日々にこそ、お前の創造主に心を留めよ。苦しみの日々が来ないうちに。『年を重ねることに喜びはない』と／言う年齢にならないうちに」。

第二に、人の神への呼びかけとも言えます。「深い山」と訳されている字は、二つに裂かれた山のことで、京都市にある双ヶ丘（ならびがおか）のような乳房の形をした山でしょうか。創世記 15 章 8―18 節はアブラハムへの神顕現と言われる箇所です。「日が沈み、暗闇に覆われたころ、突然、煙を吐く炉と燃える松明が二つに裂かれた動物の間を通り過ぎた。その日、主はアブラムと契約を結んで言われた」（同 15：17―18）。裂かれた動物の間を通って神が来てくださるというのは、罪の贖い主、神の小羊イエス・キリストに重なって見えます。このようにして、キリストが来られ、神が罪深いわたしたちのところに来てくださったのです。

第三に、魂の御言葉への呼びかけとも考えられます。「荒れ野で叫ぶ者の声がする。『……谷はすべて埋められ、山と丘はみな低くされる。……人は皆、神の救いを仰ぎ見る。』」（ルカ 3：4―6）。救いの御言葉よ、できるだけ早く、山を越え谷を越えて、魂の奥深くまで来てください、と祈りましょう。

神の御言葉を携えた、また御言葉そのものであられるキリストとの出会いは、何度来られても、初めてでも、それは懐かしく、わたしたちが天国から罪のため追われた日を回復してくださる、嬉しい出会いです。

雅歌（23）３章１～５節
母の部屋

（おとめの歌）

1　夜ごと、ふしどに恋い慕う人を求めても
求めても、見つかりません。
2　起き出して町をめぐり
通りや広場をめぐって
恋い慕う人を求めよう。

求めても、あの人は見つかりません。
3　わたしが町をめぐる夜警に見つかりました。
「わたしの恋い慕う人を見かけましたか。」

4　彼らに別れるとすぐに
　　恋い慕う人が見つかりました。
つかまえました、もう離しません。
母の家に
　　わたしを産んだ母の部屋にお連れします。

5　エルサレムのおとめたちよ
野のかもしか、雌鹿にかけて誓ってください
愛がそれを望むまでは
　　愛を呼びさまさないと。

◇◇

【恋の歌】

いくら待っても、恋しい人は来てくださりませんでした。それでとうとう、ある夜、おとめは起き上がり、夜の町に飛び出してゆきました。通りや広場をめぐって捜したけれど、見つかりません。そして、夜警に出会い、尋ねます。城壁の中に怪しい者（敵）が紛れ込んでいないか見張る夜警は、今のお巡りさんよりずっと恐い人でありました。おとめの愛と、必死であるさまが伝わってきます。

ところが直後、その恋い慕う人を見つけることができたのです。何をしていたのでしょう。狐をつかまえることができなかったので困っていたのかもしれません。おとめは、やっとつかまえた恋しい人を、母の家、母の部屋に連れて行きます。彼を正式に紹介するために、母の部屋に連れて行くのでしょうか。昔であれば、父に怒られたり反対される前に母に紹介して、結婚への一段階を進めようとしたのかもしれません。

5節は繰り返される自戒の言葉ですが、ここでは反語となって、その時が来たことを告げています。

◇◇

【信仰の歌】

魂の愛する方（神）との深い交わりは「婚姻のふしど」にたとえられます。求道者の魂は、感覚的事物を捨てて、暗黒の中に隠れている方を捜し求めて出てゆかなければなりません（詩編 18：12）。魂は起き上がり、「町」と呼ばれる精神的世界を遍歴します。広場（アゴラ）では、数々の哲学者が議論しているのを見るでしょう。人間の言い伝え、むなしい騙し事（コロサイ 2：8）の多くある中で、一番質の良い哲学によっても、魂は恋い慕うものを見出せません。この町をよく知っている「夜警」は、広場の思想家たちに対して、この世のことをよく知っている知識のある人と解釈することもできます。ところが、彼は問いに対して沈黙して答えてくれません。

しかし、彼らと別れるとすぐに、恋い慕う人を見つけることができました。

この世的なものと精神的なものの中にも恋人の面影を見出すことのできなかった魂は、全被造物、目に見えるもの、目に見えないもの一切を捨てて、彼らと別れ、愛する方を見つけたのです。信仰によって見つけた方を「つかまえました。もう離しません」と言っています。

お連れする「母の家」とは何でしょうか。「母」とは、「わたしを産んだ者」の意味であるようです。ヨハネによる福音書3章に出てきます、主イエスとニコデモの対話を思い出します。「人は、新たに生まれなければ、神の国を見ることはできない」と言われる主イエスに、「もう一度母親の胎内に入って生まれることができるでしょうか」とニコデモは問い、主は「だれでも水と霊とによって生まれなければ、神の国に入ることはできない」と言われました（3—5節）。ある時、人に信仰が与えられ、新しい命に生きるようになることは、不思議なことです。

雅歌（24）3章6～8節
花婿の輿

（合唱一）
6　荒れ野から上（のぼ）って来るおとめは誰か。
煙の柱が近づいて来るかのよう。
それは隊商のもたらすさまざまな香料
　　ミルラや乳香をたく煙。

（合唱二）
7　見よ、ソロモンの輿（こし）を。
輿をになう六十人の勇士、イスラエルの精鋭。
8　すべて、剣（つるぎ）に秀でた戦士。
夜襲に備えて、腰に剣。

◇◇

【恋の歌】

ここに突然、ソロモンの故事が挿入され、ソロモン王の絢爛（けんらん）豪華な結婚式の様子が、おとめたちの合唱とは違う合唱によって歌われます。雅歌の冒頭に「ソロモンの雅歌」と出てきますが、内容はふつうの庶民の恋の歌と思われるこの恋愛歌がそう呼ばれるのは、中にソロモンの名前が出てくるからです。婚礼歌として歌われていた歌の中に、民間に伝わっていた「ソロモンの婚礼歌」が挿入されているという説があります。想像で作られたものですが、その中にはソロモンについての何らかの歴史的事実も含まれていることでしょう。この婚礼の花嫁花婿が、ソロモンの婚礼に匹敵するほどであるという演出でしょうか。登場する花嫁の美しさをたたえる合唱と花婿の立派さをたたえる合唱が続きます。荒れ野から上ってくるおとめとは、エジプトのファラオの娘でしょうか、またはギレアド地方のアンモン人の王女でしょうか（列王記上3：1、11：1）。砂漠を越え、花嫁は良い香りのする香料の煙に包まれた隊商のように、香り高く登場します。「キャラバン」という題の曲を聴いたことがありますが、エキゾチックで妖しく美しい女性がやって来て、去っていくような印象を受けたことを思い出します。

ソロモンの輿（乗り物）については、聖書に他に出てきませんが、さぞ立派なもので、腰に剣を差した60人の精鋭が担いださまも、壮観なものであったことでしょう。

◇◇◇

【信仰の歌】

黒いけれど美しかったおとめは、さまざまな香料の香りをさせる煙の柱のように、さらに芳しくなって登場します。彼女をここまで霊的に育てたのは、肥沃（ひよく）で水の豊かな土地ではなく、不毛で乾燥した「荒れ野」です。「神よ、あなたはわたしの神。わたしはあなたを捜し求め／わたしの魂はあなたを渇き求めます」（詩編63：2a）。このおとめの香りは、単一なものではなく信仰者の多様な香りです。ミルラは埋葬にも、また乳香は神礼拝に使われる香りでした。キリストの死を知り、キリストと共に葬られて、新しい命を頂いて神を礼拝する者の香りです。

花婿の輿を担うのは、多くの勇士たちでした。腰に差した剣は「夜襲に備えて」のものと言われています。人を待ち伏せて矢を射ろうとする闇の思いのことが新約聖書に書かれているのを思い出します。エフェソの信徒への手紙6章11節から17節に「悪魔の策略に対抗して立つことができるように、神の武具を身に着けなさい。わたしたちの戦いは、血肉を相手にするものではなく、支配と権威、暗闇の世界の支配者、天にいる悪の諸霊を相手にするものなのです。……また、救いを兜としてかぶり、霊の剣、すなわち神の言葉を取りなさい」と言われています。弱いわたしたちが、腰に剣を差した勇士であるなどとは言えないような気がします。しかし、信仰者は「神の言葉」

という剣を差していると言われています。神の言葉は、わたしたち自身に対しては、両刃の剣よりも鋭く、わたしたちの心を貫いて、わたしたちに心の中をさらけ出して見せてくれました(ヘブライ4:12)。しかしまた、敵を撃退し、敵から身を守ってくれる剣ともなるのが、望ましいことです。敵の夜襲への備えと言っても、人間ではなく悪（魔）の誘惑に対しての備えです。

立派な花婿を輿に載せて進む勇士の集団は、神の言葉そのものであられるキリストをあがめ、共に担って進んでいく教会の姿と言えると思います。

雅歌（25）3章9～11節
愛をこめて紫の布をはりめぐらす

（合唱二）
9–10 ソロモン王は天蓋（てんがい）を造らせた。
レバノン杉を柱とし、銀の台座に金の玉座
エルサレムのおとめたちが愛をこめて
紫の布を張りめぐらした。

11 いでよ、シオンのおとめたちよ
ソロモン王を仰ぎ見よ。
その冠を見よ
王の婚礼の日に、喜びの日に
母君がいただかせた冠を。

◇◇

【恋の歌】

ソロモン王が彼の輿に造らせたという「天蓋」という言葉はヘブライ語ではなく外来語です。国際色豊かな繁栄ぶりが垣間見られるところです。柱には良い香りのするレバノン杉を使い、台座には銀、玉座には金細工がほどこされた、まばゆい立派なものでありました。それにエルサレムのおとめたちが愛をこめて紫の布をはりめぐらしたというのです。紫色は、イスラエルでは王の色であったからです。婚礼の日、花婿の母バト・シェバが彼に王冠を載せてあげる様子が描写されています。日本でも、結婚式で花嫁が小さな冠を付けることがありますが、小アジア地方では今でも結婚式に花婿と花嫁が冠をかぶる所があるそうです。愛する者たちにとって、お互いは誇りであるべきです。

◇◇

【信仰の歌】

新約聖書で紫の衣を着た王として描かれるのは、イエス・キリストです。しかし、人々は本当の王様と思っていたわけではなく、からかうために紫の服を探してきて着せたのです。「そして、イエスに紫の服を着せ、茨の冠を編んでかぶらせ、『ユダヤ人の王、万歳』と言って敬礼し始めた。……このようにイエスを侮辱したあげく、紫の服を脱がせて元の服を着せた。そして、十字架につけるために外へ引き出した」（マルコ 15：17―20）。教会はもちろんこのイエス・キリストを、心の王としています。

さて、キリストの座られる王座の天蓋を造るための柱について考えてみましょう。この柱は高く、天の国の高みにまで達するものです。また「教会の柱」と言われた人たちがいました。主の兄弟ヤコブとペトロとヨハネというエルサレム教会のおもだった人のことです（ガラテヤ 2：9）。教会の信仰を整えた人たちです。また「勝利を得る者を、わたしの神の神殿の柱にしよう」（ヨハネの黙示録 3：12）と言われていますように、忠実な信仰者は皆この柱の一つとも言えるでしょう。彼らはエルサレムのおとめたちのように、教会を、自分たちの王のために美しく整えます。

この王たる花婿に、冠を頂かせるのは、誰でしょうか。この婚宴には善人悪人の区別もなく（マタイ 22：10）、男女の区別もなく（ガラテヤ 3：28）、喜んでやって来る人を招いてくださるのです。この、花婿をわたしたちに引き合わせようと導く一つの力が、王冠を御子キリストに頂かせます。王冠を花婿に頂かせるのは、父なる神です。この王冠の土台は、神の愛でできているのです。

この花婿の冠は、まず「茨の冠」です。とげの多い茨の茎を苦労して編んでキリストの頭に載せた、意地の悪い罪の心から作られた冠です。そして、キリストの頭を傷つけ血を流させる、罪の贖いのまばゆい冠です。それはわたしたちに、「義」と「命」を与えてくれる「茨の冠」です。聖書にはもう一つの冠の言い方が出てきます。それは、御父が御子に与えたもう「栄光の冠」（ヘブライ2：9）です。父なる神が与えられた「茨の冠」、同時に「栄光の冠」を仰ぎ見て、感謝と賛美をささげるところ、それが教会です。

雅歌（26）4章1～3節
キリストの花嫁　目、歯、こめかみ

（若者の歌）

1　恋人よ、あなたは美しい。
あなたは美しく、その目は鳩のよう
ベールの奥にひそんでいる。
髪はギレアドの山を駆け下る山羊の群れ。
2　歯は雌羊の群れ。毛を刈られ
洗い場から上って来る雌羊の群れ。
対になってそろい、連れあいを失ったものはない。
3　唇は紅(くれない)の糸。
言葉がこぼれるときにはとりわけ愛らしい。
ベールの陰のこめかみはざくろの花。

◇◇

【恋の歌】

片思いのおとめの愛が3章4節で報われる時がきました。愛する人を見つけ、母の部屋に連れて行きます。そうして、意味深長なソロモンの歴史に残る結婚式の歌が歌われたあと、花嫁をたたえるソロモンのような情熱的な、おとめをほめたたえる若者の歌が続きます。おとめをほめたたえると言っても、それは体の各部分に及ぶ称賛です。恋は、人の口から相手をどんなにほめても足りないほどの豊かな言葉を紡ぎ出させるものです。

鳩の形をした目が美しい。ギレアドの山を駆け下る黒山羊の群れのようなつややかな長い髪ですね。毛を刈る直前に洗い場から列を作ってやって来る羊たちのような真っ白な歯がすてきです。薄くて赤い唇から言葉がこぼれるときの愛らしさ、こめかみが恥ずかしそうに赤らんでいるのはベール越しにもわかりますよ、と。

【信仰の歌】

神を慕い求める人間を神はキリストの故に受容してくださいました。そして、神の言葉である花婿キリストが、花嫁である教会を見て、語りかけられるお言葉です。教会で「目」の働きを担っている人は誰でしょう。目の働きはいろいろありますが、目は光を受けとめるものです。義の太陽を見つめるならば、信仰者に固有なもの、大事なものと無縁なものとを識別することができるでしょう。過ぎ去りゆくものではなく、永遠なものに目を注ぐようになります。さて「その目は鳩のよう」と言われていました。教会にあって見る人は、見えるものに惑わされることなく、聖霊の賜物である霊的な目によって、ものごとを見る人です。また、目は安全な道を行くために必要なものです。教会で目の役割を担うのは、教会の人たちがこのように進んでいけるように道案内をする人たちとも言えます。ベールの奥の目、このような隠れた目をキリストは喜んでくださいます。

教会の「髪」とは何でしょうか？　髪には、感覚がありません。髪を切られても痛くはありません。この世において一見価値のあるものとして熱心に追い求められているものに、何の感覚も持たない人でしょうか。このような人がいるものです。

「歯」は霊的な糧をよく噛(か)み砕いて、それを栄養にする人でしょう。皆さんも、歯が丈夫な人も入れ歯の人も、御言葉を噛み砕く歯を鍛えて丈夫にしましょう。牧師は御言葉をできるだけよく噛み砕いて提供するように努力し、また一方、聴く人は固い物も食べられるようになるように努力しましょう。

「唇」は「紅の糸」にたとえられています。教会が言葉を発する口です。教会はキリストの血による救いを語ることにおいて、さまざまな教派の糸によって織り合わされ一つなのだと思います。

ベールの陰で赤らんでいる「こめかみ」は、神の前での謙虚さ、慎み深さで教会を飾る人たちです。

キリストのほめてくださるこのような花嫁教会に、わたしたちもなりたいものです。

雅歌（27）４章４～８節
獅子の隠れが、豹の住む山から下りておいで

（若者の歌）

4　首はみごとに積み上げられたダビデの塔。
千の盾、勇士の小盾が掛けられている。
5　乳房は二匹の小鹿。
ゆりに囲まれ草をはむ双子のかもしか。

6　夕べの風が騒ぎ、影が闇にまぎれる前に
ミルラの山に登ろう、乳香の丘にわたしは登ろう。

7　恋人よ、あなたはなにもかも美しく
傷はひとつもない。

8　花嫁よ、レバノンからおいで
おいで、レバノンから出ておいで。
アマナの頂から、セニル、ヘルモンの頂から
獅子の隠れが、豹の住む山から下りておいで。

◇◇

【恋の歌】

「ダビデの塔」についての唯一の資料がここ、雅歌４章４節です。首にたとえられているのですから、きっと形のよい塔だったのでしょう。磨きぬかれた盾や小盾が中に掛けられていたように、その首自体が光り輝いて見えるということでしょう。好きになると何でも輝いて見えるものです。

この花嫁は、レバノンの国からソロモン王に嫁いできた人であったようです。「獅子の隠れが、豹の住む山から下りておいで」。しなやかな野性味に溢れる、花嫁の姿が目に浮かびます。

◇◇

【信仰の歌】

教会の（武器のしまってある）首とは何でしょうか。詩編68編18節に「神の戦車は幾千、幾万／主はそのただ中にいます」と書かれています。神と共に信仰の戦いをしている人々のことです。

乳房が、ゆりに囲まれて草をはむ双子のかもしかにたとえられています。乳房の中間にあるのは人間の心です。ニュッサのグレゴリオスという人は、一人の人の心の中に双子がいて、一人は物体的、現象的なものに関わり、もう一人は不可視のもの、霊的なものに関わる人で、これらは一方が先立つことなく、双子として誕生したと言っています*。「ゆり」は良い香りのする花で、キリストの誕生と復活に関わる花であることは前に申しました。ゆりの咲いている牧場で過ごすことのできる心は、なんと幸いなことでしょう。

「花嫁よ、レバノンからおいで……アマナの頂から、セニル、ヘルモンの頂から／獅子の隠れが、豹の住む山から下りておいで」と言われています。ヨルダンの流れは、セニル、ヘルモンの頂に端を発していたと言われます。ヨルダン川は、洗礼を思い起こさせる川、バプテスマのヨハネが洗礼を授けていた川、主イエス・キリストご自身も、わたしたち人間のように、罪の赦しの洗礼を受けてくださった川です。信仰者はまた、主から湧き出る水を飲んで信仰者になったのです。「渇いている人はだれでも、わたしのところに来て飲みなさい。わたしを信じる者は、聖書に書いてあるとおり、その人の内から生きた水が川となって流れ出るようになる」（ヨハネ7：37―38）。信仰者になっても、喉は渇きます。またいろいろなことに出会って、心に渇きを覚えることもありますが、結局は、救い主である方から頂いた天からの水で

*『雅歌講話』191頁。

潤されるのです。

獅子や豹とは何でしょうか。それは、人間にとって、苦しみをもたらす獣の名前です。「わたしの神、主よ、あなたを避けどころとします。わたしを助け、追い迫る者から救ってください。獅子のようにわたしの魂を餌食とする者から／だれも奪い返し、助けてくれないのです」（詩編7：2―3）。かつて、神のかたちに造られた者、けれど、罪に落ちて、獣のように、いや獣以下になってしまった者に対して、キリストはその山から下りておいで、ヨルダンの流れに乗って、獅子の隠れがからご自分のもとへ下りておいで、と呼びかけてくださるのです。

雅歌（28）4章9～15節
花嫁の首飾り

（若者の歌）

9　わたしの妹、花嫁よ
あなたはわたしの心をときめかす。
あなたのひと目も、首飾りのひとつの玉も
それだけで、わたしの心をときめかす。
10　わたしの妹、花嫁よ、あなたの愛は美しく
ぶどう酒よりもあなたの愛は快い。
あなたの香油は
　　どんな香り草よりもかぐわしい。
11　花嫁よ、あなたの唇は蜜を滴らせ
舌には蜂蜜と乳がひそむ。
あなたの衣はレバノンの香り。

12　わたしの妹、花嫁は、閉ざされた園。
閉ざされた園、封じられた泉。
13　ほとりには、みごとな実を結ぶざくろの森
ナルドやコフェルの花房
14　ナルドやサフラン、菖蒲やシナモン
乳香の木、ミルラやアロエ
さまざまな、すばらしい香り草。
15　園の泉は命の水を汲むところ
レバノンの山から流れてくる水を。

◇◇

【恋の歌】

「妹」とは、実の妹のことだけでなく、男性が親しいと思う女性を年齢の上下に関わりなく呼ぶ言葉であるそうです。日本語で夫婦のことを妹背(いもせ)と言うのに似ています。愛する人の付けている首飾りまで、本人ではないのに好きになってしまうと、相手への愛を吐露しています。首飾りのひとつの玉にも心ときめくというのですから、相当なものです。好きな人に何か関係あるものまですてきな特別なものに見えてくるのは、不思議なことですね。これほど愛されている花嫁は、いろいろなものにたとえられていますが、ここでは園にたとえられています。

◇◇

【信仰の歌】

キリストにとって、花嫁とは「教会」のことです。キリストは、教会を受け入れてくださいました。この花嫁の付けている首飾りとは､何でしょうか。マタイによる福音書11章28節から30節に､このように書かれています。「疲れた者、重荷を負う者は、だれでもわたしのもとに来なさい……。わたしの軛(くびき)を負い、わたしに学びなさい。そうすれば、あなたがたは安らぎを得られる。わたしの軛は負いやすく､わたしの荷は軽いからである」。くびき（頸木）は牛馬の首に当ててつなぐ横木のことです。このように神の御子と結びついているならば、その姿をごらんになった父なる神さまは、きっと喜んでくださることでしょう。

この花嫁の神への愛は、発酵させられたぶどう酒のように徐々に深いものになっていくことが望ましいです。聖霊の乳を飲んで成長した花嫁の口から発する言葉は、滅びゆく人を救うために発せられる言葉です。

教会という園にある泉は､「命の水を汲むところ」と言われています。これは神の子キリストから流れ出てくる水です。教会の人たちがこの泉を所有することによって、教会も命の泉となります。他の水、一時憂さを忘れさせてくれる水ではなく、キリストの体から流れてくる罪の赦し、確かな神の愛の水を提供する泉です。

さて「閉ざされた園」とか「封じられた泉」の意味は何でしょうか。教会は閉鎖的なものであってはいけない、外に向かって開かれたものでなければならないし、そうありたいものです。水の溢れる泉であり、封じられた泉であるとは、矛盾した言い方です。教会は誰に対しても開かれていますが、第一に、教会は神の秘義にあずかるところです。教会の神秘性です。第二に、神が壁となってしっかり守っておられる園です。第三に、教会の表面に表れていない美しさのことを言っていると思われます。イエス・キリストが、またキリストの故に父なる神が、若者が恋する女性をほめたたえるほどの情熱を持って、花嫁教会をこのように見てくださるとは、なんともありがたいことです。あなたは見た目は貧しいかもしれないが、表面には表れない秘めた美しさを持った園である。教会の中に入ってきても、この美しさがわからない人がいますが、わかる人にはわかるのですから、教会は自信を持ってこの花婿に、キリストに仕えていかなければなりません。

雅歌（29）４章16節～５章１節
友よ食べよ、友よ飲め。愛する者よ、愛に酔え。

（おとめの歌）

4：16

北風よ、目覚めよ。
南風よ、吹け。
わたしの園を吹き抜けて
香りを振りまいておくれ。
恋しい人がこの園をわがものとして
このみごとな実を食べてくださるように。

（若者の歌）

5：1

わたしの妹、花嫁よ、わたしの園にわたしは来た。
香り草やミルラを摘み
蜜の滴るわたしの蜂の巣を吸い
わたしのぶどう酒と乳を飲もう。

友よ食べよ、友よ飲め。
愛する者よ、愛に酔え。

◇◇

【恋の歌】

５章１節の終わりの文は、これが３章６節の合唱から始まったソロモンの婚礼歌であったことを思い出させるものですが、ここでソロモンの婚礼歌は、いったん終わります。それにしても、なんと大胆な相聞歌であることでしょう。

【信仰の歌】

キリストの花嫁である「教会」は、キリストによって送られてきた風のことを知っています。その風によって、教会は誕生しました（使徒言行録２章）。神の家に植えられていた植物である弟子たちは、神の息吹によって、キリストの救いを理解し、その口から、芳しい救いをもたらす信仰の教えが流れ出てきたのでした。目覚めた風が「わたしの園を吹き抜けて／香りを振りまいて」くれました。その風を「聖霊」と言います。主イエスの受難、復活、昇天がなかなかわからなかった弟子たちに、エルサレムで我慢して待っているように主が言われ、そのとおりになったのです。誰も、聖霊によらなければわかりません。そして、教会の者が「この園をわがものとして／このみごとな実を食べてくださるように」言うというのは、今度は耕作者に、その実（律法がたとえられた蜂蜜より甘い実、詩編 19：11）を育てて、差し出すということではないでしょうか。

キリストは、そのように願うならば、すぐにその頼みを聞き、その実を堪能することを約束してくださいます。「わたしの妹、花嫁よ、わたしの園にわたしは来た。……わたしのぶどう酒と乳を飲もう」。ここから古代の教会はぶどう酒に乳を混ぜていたところもあったそうです。この「香り草やミルラ」の中で過ごす生活とはどんなものでしょうか。これはキリストの香りです。「日々死ぬ」（ローマ６：３―４）という生き方を、キリストが教会に見に来られるということでしょうか。また、救われた人が、隣人に対して、小さなキリストとして接している姿（マタイ 25：35―40）を、キリストが見に来られるということでしょうか。

次の５章１節後半の言葉は、酩酊（めいてい）への勧めです。酔うことの勧めです。キリストがこれらの言葉を、花嫁教会に向かって言われたとすると、どういうことになるでしょうか。主イエス・キリストが、福音書の中で「友よ食べよ、友よ飲め」と言われているのは「主の晩餐」の場面です（マタイ26：26—27）。これらが与えられる人を、主は愛する者と呼び、愛に酔うことを勧められました。使徒言行録2章13節に「『あの人たちは、新しいぶどう酒に酔っているのだと』と言って、あざける者もいた」とあり、ペトロは、今は朝だから酒に酔っているわけではありません、と言っていますが、信仰者は新しいぶどう酒に酔っている者とも言えるのです。それは「しらふの酩酊」とも呼ばれるべきものです。コリントの信徒への手紙二5章13節にはこのように書かれています。「わたしたちが正気でないとするなら、それは神のためであったし、正気であるなら、それはあなたがたのためです」。「正気で、さめていながら、聖霊に酔っている、神に酔っている者」――そのような者でいたいものです。

雅歌（30）5章2節
わたしの髪は夜の露にぬれてしまった

（おとめの歌）
2　眠っていても
　　わたしの心は目覚めていました。
恋しい人の声がする、戸をたたいています。
「わたしの妹、恋人よ、開けておくれ。
わたしの鳩、清らかなおとめよ。
わたしの頭は露に
髪は夜の露にぬれてしまった。」

◇◇

【恋の歌】
眠っていても心が目覚めているのは、体にあまりいい状態ではないように思います。このおとめは、眠っていても、ずっと恋しい人の声が聞こえるような状態が続いていたのでしょう。「恋しい人の声がする、戸をたたいています」。この晩も、そうだと思っていましたが、夢うつつに聞いていた声が本当の声であることに気づいて驚きます。恋しい人が本当に訪ねて来てくださったのです。

◇◇

【信仰の歌】
キリストの救いの恵みを、食べ、飲み、愛に酔っている者（雅歌5：1）であるキリストの花嫁の生活は、一風変わったものであることが教えられます。

「眠っていても／わたしの心は目覚めていました」。眠っているとき、視覚、聴覚などは独自の活動をせず、体の緊張が緩められます。パウロは、こう言っています。「どうか、わたしたちの主イエス・キリストの神、栄光の源である御父が、あなたがたに知恵と啓示との霊を与え、神を深く知ることができるようにし、心の目を開いてくださるように。そして、神の招きによってどのような希望が与えられているか、聖なる者たちの受け継ぐものがどれほど豊かな栄光に輝いているか悟らせてくださるように」（エフェソ 1：17—18）。感覚によって得られる快楽だけを優位にする人は、神的喜びを味わうことなく一生を過ごすことになります。わたしたちは霊的な目、耳が与えられて、2 種類の楽しみを得ることができるようにさせられました。時には感覚を眠らせ、神に心を向け、耳を傾けることが大事です。あなたの魂の閂(かんぬき)を外して、戸を開けるならば、きっと親しく呼びかける声が聞こえてくることでしょう。

ここでの呼びかけは「わたしの妹、恋人よ、開けておくれ。わたしの鳩、清らかなおとめよ」でした。「わたしの妹」とは神の長子である方がそのように呼んでくださるということです。「恋人よ」と愛の対象として呼びかけてくださいます。「わたしの鳩」とは、聖霊を受けとめた人のことでしょう。「清らかなおとめ」とは「洗礼の水によって洗い清められ、新しくされた者」と見てくださるということです。

頭にある露は、羊飼いの心を持った神の御子にふさわしいものでしょう。「わたしの頭は露に／髪は夜の露にぬれてしまった」。ここで、イザヤ書 26 章 19 節のこの言葉が思い出されます。「あなたの死者が命を得／わたしのしかばねが立ち上がりますように。塵の中に住まう者よ、目を覚ませ、喜び歌え。あなたの送られる露は光の露。あなたは死霊の地にそれを降らせられます」。イザヤの預言どおり、光の露である方が来られたのです。「渇いている人はだれでも、わたしのところに来て飲みなさい」（ヨハネ 7：37）。「わたしが与える水はその人の内で泉となり、永遠の命に至る水がわき出る」（ヨハネ 4：14）。「兄弟たち、わたし自身は既に捕らえたとは思っていません。なすべきことはただ一つ、後ろのものを忘れ、前のものに全身を向けつつ、神がキリスト・イエスによって上へ召して、お与えになる賞を得るために、目標を目指してひたすら走ることです」（フィリピ 3：13—14）。

死霊の地に送られた光の露。わたしたちが知っているのは、この露の一滴にすぎません。そのすべてを知り味わうために、わたしたちの教会と、人生があると言えます。

雅歌（31）５章３～７節（一）
戸を開いたときには、恋しい人は去った後でした

（おとめの歌）

3　衣を脱いでしまったのに
　　どうしてまた着られましょう。
　足を洗ってしまったのに
　　どうしてまた汚せましょう。
4　恋しい人は透き間から手を差し伸べ
　わたしの胸は高鳴りました。
5　恋しい人に戸を開こうと起き上がりました。
　わたしの両手はミルラを滴らせ
　ミルラの滴は指から取っ手にこぼれ落ちました。

6　戸を開いたときには、恋しい人は去った後でした。
　恋しい人の言葉を追って
　　わたしの魂は出て行きます。
　求めても、あの人は見つかりません。
　呼び求めても、答えてくれません。
7　街をめぐる夜警にわたしは見つかり
　打たれて傷を負いました。……

◇◇◇

【恋の歌】

　ある晩、おとめの家を若者が訪ねてきました。戸をたたいて、入れてください と呼びかけています。もう部屋着に着替え、お化粧を落として、寝なが

ら、若者のことを考えていたら、その方がやって来て家の戸をたたいている。他の人なら、何か羽織ってすぐ出たかもしれません。また、少し待ってください、と言ったかもしれません。しかし、恋しい人であるため、何を着ようかと思いとまどったのでしょう。「わたしの胸は高鳴りました」。きちんと服を着て、美しくして、良い香りの香水を付けて、やっと戸を開けた時、もう時は遅く、なかなか戸を開けてくれないおとめのつれなさに失望してか、怒ってか、彼は立ち去った後でした。

この美しい牧童は、気の長い人ではなかったようです。おとめは誤解を解こうと、追いかけていきますが、その人は見つかりません。夜の街の夜警に会い、怪しい女として、怒られたり打たれたりします。傷ついた体と心に反比例するように、高まっていくおとめの愛が、歌われていきます（8節）。

◇◇

【信仰の歌】

雅歌の詩人がこの歌で表そうとしている、人間と神との愛はどういうものでしょうか。このおとめは、良い信仰者なのでしょうか。悪い信仰者なのでしょうか。キリストの悪い花嫁なのでしょうか。キリストの優れた花嫁なのでしょうか。ある人は、花婿キリストの呼びかけに不従順な人と言っています。自分の現状にこだわり過ぎて、もっと立派な人になってからと考えて、なかなか信仰者にならない人がいます。また自分のことにこだわって、呼びかけに応えるのに鈍い信仰者もいます。しっかり閂が掛かっていて、主は拒まれてしまいました。その方は悲しみつつ去って行かれます。主が戸を開けるように戸口に立っておられることは、黙示録3章20節にも描かれています。そして「わたしの声を聞いて戸を開ける者があれば、わたしは中に入ってその者と共に食事をし、彼もまた、わたしと共に食事をするであろう」と言われています。この方はここではさらに、戸の透き間から手を差し伸べておられるのです。「狭い門から入りなさい」（マタイ7：13）と言われ、主が手を差し伸べられても、「始めのころの愛から離れてしまった信仰者」には、もう手遅れなのでしょうか。

彼女はもう一度主を求めてひとりで闇の中を出て行かなければなりません。花婿と結ばれた信仰者が、従うべき時にぐずぐずしていて、すみやかに従わなかった時の後悔を思います。この花嫁の信仰の後退の結果は、痛ましいものです。「街をめぐる夜警にわたしは見つかり／打たれて傷を負いました……」。信仰者が自分の信仰の後退の重要さを、痛いほど感じ、後悔したとき、神はどうされるでしょうか。箴言1章23節には、このように書かれています。「立ち帰って、わたしの懲らしめを受け入れるなら／見よ、わたしの霊をあなたたちに注ぎ／わたしの言葉を示そう」。

雅歌（32）５章３～７節（二）
花嫁の登攀（とうはん）

（おとめの歌）

3　衣を脱いでしまったのに
　　どうしてまた着られましょう。
　足を洗ってしまったのに
　　どうしてまた汚せましょう。
4　恋しい人は透き間から手を差し伸べ
　わたしの胸は高鳴りました。
5　恋しい人に戸を開こうと起き上がりました。
　わたしの両手はミルラを滴らせ
　ミルラの滴は指から取っ手にこぼれ落ちました。

6　戸を開いたときには、恋しい人は去った後でした。
　恋しい人の言葉を追って
　　わたしの魂は出て行きます。
　求めても、あの人は見つかりません。
　呼び求めても、答えてくれません。
7　街をめぐる夜警にわたしは見つかり
　打たれて傷を負いました。
　城壁の見張りは、わたしの衣をはぎ取りました。

◇◇

【恋の歌】

このおとめがはぎ取られた衣は、リベカがイサクのところに初めて来た時のような外出時のベールと考えられます（創世記 24：65）。頭をすっぽりと覆う、薄い物なので、打たれた傷は痛いものであったでしょう。

【信仰の歌】

おとめのとった行動は、花婿キリストの呼びかけに対して、自分のことにこだわって、呼びかけに応えるのに鈍い人のことであるとも言える、という話を前にしました。しかし、そうではなく、すばらしい信仰者の姿を表していると言う人もいます。3節「衣を脱いでしまったのに／どうしてまた着られましょう」。キリストに救われた人は、古い人を脱ぎ捨てて、新しい人を身に着けた人なのです。コロサイの信徒への手紙3章5―10節にこのように書かれています。「……古い人をその行いと共に脱ぎ捨て、造り主の姿に倣う新しい人を身に着け、日々新たにされて、真の知識に達するのです」。脱ぎ捨てた衣を二度と身に着けないことは大事なことです。また、キリストは主を信じる人の足を水で洗ってくださったのです（ヨハネ 13 章）。洗い流された泥をもう身に付けない、という決心をしたキリストの花嫁の姿です。良い香りのする香油であるミルラは、葬りの香油でもあり、自発的な死を意味します。「わたしたちは洗礼によってキリストと共に葬られ、その死にあずかるものとなりました。それは、キリストが御父の栄光によって死者の中から復活させられたように、わたしたちも新しい命に生きるためなのです」（ローマ 6：4）。花嫁は、自分の手がミルラで溢れるほどだと告げ、自分の中に御言葉を受け入れるために立ち上がり、扉に近づきました。そして、すでに得た段階で立ち止まらずに、その先を求めていきます。信仰の深まりの中で、さらに主に近づこうとします。山をよじ登るようにです。登攀の攀という字は古い漢字で、『万葉集』8･1507 にも「攀ぢて手折りつ見ませ吾妹子」（大伴家持作）という歌が出てきます。キリストを目指して近づくことは、楽しく、また苦しいことでもあります。

魂は自分のいた所から外に出て行って、街の夜警に見つけられます。魂が出て行った街は天的な世界です。そこにいる夜警とは「神の御使い」のことでしょう。「あなたの鞭、あなたの杖／それがわたしを力づける」という詩編23編4節を思い出します。霊的鞭の働きは傷が残るほど魂に深く刻まれるものです。そして古い自分を脱いだ花嫁がキリスト者ですが、さらにはぎ取られるのです。自分の放棄すべきものがはぎ取られて、目は神をもっと凝視できるようになります（コリント二3：18）。キリストを愛していなければ、味わうこともない激しい飢え渇きに促されて、御言葉を追いかけていきます。愛することは苦しむことだからです。

雅歌（33）5章8～16節
花婿の特徴を教えてください

（おとめの歌）
8　エルサレムのおとめたちよ、誓ってください
もしわたしの恋しい人を見かけたら
わたしが恋の病にかかっていることを
　　その人に伝えると。

（おとめたちの歌）
9　あなたの恋人はどんなにいいひと
だれにもまして美しいおとめよ。
あなたの恋人はどんなにいいひと
こんな誓いをさせるとは。

（おとめの歌）
10　わたしの恋しい人は
　　赤銅色に輝き、ひときわ目立つ。
11　頭は金、純金で
髪はふさふさと、烏の羽のように黒い。
12　目は水のほとりの鳩
　　乳で身を洗い、形よく座っている。
13　頬は香り草の花床、かぐわしく茂っている。
唇はゆりの花、ミルラのしずくを滴らせる。
14　手はタルシシュの珠玉をはめた金の円筒
胸はサファイアをちりばめた象牙の板
15　脚は純金の台に据えられた大理石の柱。

姿はレバノンの山、レバノン杉のような若者。
16 **その口は甘美、なにもかもわたしを魅惑する。**
エルサレムのおとめたちよ
これがわたしの恋する人、これがわたしの慕う人。

◇◇

【恋の歌】

恋する人を見失ったおとめがエルサレムのおとめたちに、「その人を見かけたら、わたしが恋の病にかかっていることを伝えると誓ってください」と語りかけます。すると、エルサレムのおとめたちの声が「美しいおとめよ、あなたの言っている人はどんな人か教えてください。そんなにいい人なのですか？」と水を差すとも取れるような言葉で答えます。この言葉を契機に、おとめの若者に関する、長い絶賛が繰り広げられていきます（10—16 節）。それを聞いたエルサレムのおとめたちは、彼のすばらしさを見るために、彼女と一緒に探してあげましょうという気持ちになるのでした（6：1）。

◇◇

【信仰の歌】

ここでは教会の花婿キリストがたたえられています。もちろん、外見の美しさではありません。信仰によって見える美しさです。目に見えるものは移り変わりますが、この見えないものは永遠に存続します（コリント二 4：18）。キリストのひときわ目立つ美しさとは何でしょうか。コロサイの信徒への手紙 2 章 9 節には、このように書かれています。「キリストの内には、満ちあふれる神性が、余すところなく、見える形をとって宿って」いる。わたしたちの花婿キリストの美しさは内なる満ち溢れる神性に関わることです。

今までに、キリストの頭、髪、目、頬、唇、手や胸など、霊的な意味を語ってきました。ここでは、ヨハネの黙示録 1 章 12—16 節に、まとまって描かれているキリストのお姿と雅歌を比べてみましょう。一方は、ヨハネが幻の中に見た、復活後の、天上におられるキリストの姿です。黙示録では、髪は「羊毛のように白く」、雅歌では「ふさふさと烏の羽のように黒い」。目は「燃え盛る炎」に対して「水のほとりの鳩」。唇からは「鋭い両刃の剣が出ている」のに対して、「ミルラの滴を滴らせるゆりの花」。顔は「強く照り輝く太陽のよう」なのに対して「赤銅色に輝いている」。脚は「炉で精錬されたしんちゅうのように輝いている」のに対して「純金の台に据えられた大理石の柱」となっています。黙示録に描かれているのは権威ある天上のキリスト、雅歌の方は信仰者にとっての愛する花婿であるキリストの姿です。

義の太陽として輝くだけでなく、わたしたちをいやし、健全な者としてくださるキリストが、教会の頭です。神がわたしたちと和解するために差し出された手であるキリストは、「タルシシュの珠玉をはめた金の円筒」です。神の秘められたご計画の知恵と知識の宝を持つキリストの胸は、「サファイアをちりばめた象牙の板」のようです。キリストの大事にされた二つの戒め「神を愛することと隣人を愛すること」は、簡潔ながら「純金の台に据えられた大理石」の脚です。「レバノン杉」についてはホセア書 14 章 8 節に「その陰に宿る人々は再び／麦のように育ち／ぶどうのように花咲く。彼はレバノンのぶどう酒のようにたたえられる」と書かれています。

このおとめは全身全霊をもって、顔を輝かせて、恋人のすばらしさをつぶさに話したので、半信半疑であったエルサレムのおとめたちも彼のすばらしさを見たいと思い、彼女と一緒に探してあげようという気持ちになっていきます。キリストのことを聞かれたら、神妙に語ることも大事ですが、時には、嬉しそうに顔を輝かせて恋人のことを語るように話してあげるということも大切なことです。

雅歌（34）6章1～3節
園に下りて行きました

（おとめたちの歌）

1　あなたの恋人はどこに行ってしまったの。
だれにもまして美しいおとめよ
あなたの恋人はどこに行ってしまったの。
一緒に探してあげましょう。

（おとめの歌）

2　わたしの恋しい人は園に
香り草の花床に下りて行きました。
園で群れを飼い、ゆりの花を手折っています。

3　恋しいあの人はわたしのもの
わたしは恋しいあの人のもの
ゆりの中で群れを飼っているあの人のもの。

◇◇

【恋の歌】

おとめは、去って行った恋人を追っていますが、なかなか見つかりません。エルサレムのおとめたちに協力して探してもらい、とうとう居場所がわかったようです。おとめは、若者に会いに行きますが、このおとめは彼を愛さない女性はいないと思っているようですから、もしかすると他の女の人の所に行ってしまったのかもしれないと疑っているのかもしれません。ゆりの花の咲く牧場で群れを飼っている若者は、今頃、他の女の人を好きになり、その人のものになってしまっているかもしれないと思いながら、彼が群れを飼っている場所に行きます。

◇◇◇

【信仰の歌】

エルサレムのおとめたちは、信仰者であるおとめに、二つの質問をします。一つは、彼（キリスト）はどういう方なのか（5：9）、そして第二は、彼はどこにおられるのかと、キリストの場所を問うています（6：1）。「心よ、主はお前に言われる／『わたしの顔を尋ね求めよ』と」（詩編 27：8）。どのような方なのかは、5章で答えました。さて、キリストはどこにおられるのでしょうか。

すると、おとめは、不思議な予想をします。「わたしの恋しい人は園に……下りて行きました」。キリストは天から、高い所から下りて来られた方です。地上に、そしてまた園に下りて行かれました。どのような園でしょう。ヨハネによる福音書19章41節には「イエスが十字架につけられた所には園があり、そこには、だれもまだ葬られたことのない新しい墓があった」と書かれています。神の身分でありながら、神と等しい者であることに固執しようとは思わず、へりくだって、十字架の死、墓の中にまで下りてくださったのです。

そして十字架によって救われた者が、キリストと住む場所も一つの園です。キリストは「香り草の花床」におり、その「園で群れを飼い、ゆりの花を手折ってい」るとはどういうことでしょうか。この牧者は、ゆりの花で群れを養ってくださるというのです。ゆりの花は復活を表し、また良い香りのする花です。教会も、キリストのくださる食べ物を食べて、さまざまな良い香りを放つ花を咲かせる所です。それらの花は実を結びます。たとえば、「愛であり、喜び、平和、寛容、親切、善意、誠実、柔和、節制」（ガラテヤ5：22—23）などです。

「恋しいあの人はわたしのもの／わたしは恋しいあの人のもの」はパウロのこの言葉を思い出させます。「生きているのは、もはやわたしではありません。キリストがわたしの内に生きておられるのです。わたしが今、肉において生きているのは、わたしを愛し、わたしのために身を献げられた神の子に対する信仰によるものです」（ガラテヤ 2：20）。3 節「恋しいあの人はわたしのもの／わたしは恋しいあの人のもの／ゆりの中で群れを飼っているあの人のもの」――これは 2 章 16 節の繰り返し（リフレイン）です。似たような言葉ですが、さらに思いは高まっていきます。まだ、信仰の歌は続いていきます。

雅歌（35）6章4～7節
旗を掲げた軍勢

（若者の歌）

4　恋人よ、あなたはティルツァのように美しく
エルサレムのように麗しく
旗を掲げた軍勢のように恐ろしい。
5　わたしを混乱させるその目を
　　わたしからそらせておくれ。
あなたの髪はギレアドを駆け下る山羊の群れ。
6　歯は雌羊の群れ。毛を刈られ
洗い場から上って来る雌羊の群れ。
対になってそろい、連れあいを失ったものはない。
7　ベールの陰のこめかみはざくろの花。

◇◇◇

【恋の歌】

ティルツァは町の名前で、ヤロブアム1世からオムリがサマリアに首都を移すまでの間、北王国の首都であった町です（列王記上15：33）。発掘により、町並みの整った家屋、巨大な城門などがあったことがわかったそうです。5章6節で戸を開けてもらえず、怒ってか、悲しみのうちにか、おとめから去った若者です。彼を捜して、やって来たおとめの目は以前と同じように美しいけれど、恐ろしいほどの強い目になっていました。おとめに再会した若者は、おとめの美しさ、兵士のような精悍な、ワイルドな迫力に圧倒され、その迫力ある目で見つめられるとくらくらしてしまうので、その目をそらせておくれ、と言います。しかしすぐ後で、また髪だの歯だのこめかみだのかわ

いいとほめていますから、そうは言いながらも、きっとそんなに見つめられて嬉しい、ということでしょう。

【信仰の歌】

ここには、教会の持つべき性格が描かれていると言えます。キリストの花嫁は、頑丈な立派な町のようであり、旗を掲げた軍勢のような、兵士のようなたくましい美しさを持っているというのです。教会の者が兵士であることはエフェソの信徒への手紙6章10節から17節に書かれており、そのことについては（24）で触れましたので、今日は、教会がその兵士たちの軍勢であることをお話しします。この秩序立てられた軍勢が組まれるのは教会ですが、それは地上を越えた場所に関係があります。ルカによる福音書2章13節から14節にはこう書かれています。「すると、突然、この天使に天の大軍が加わり、神を賛美して言った。『いと高きところには栄光、神にあれ、／地には平和、御心に適う人にあれ。』」。この箇所は、いったい何を言っているのでしょう。クリスマスの時期によく読まれる箇所ですが、クリスマスでないときの方がじっくり考えてみることができるかもしれません。教会を軍勢にたとえた場合、地上の軍勢とは違います。秩序があるということでは共通していますが。教会に関わることで、一番それを表していると思われるのは、詩編103編です。詩編103編20節から22節です。「御使いたちよ、主をたたえよ／主の語られる声を聞き／御言葉を成し遂げるものよ／力ある勇士たちよ。主の万軍よ、主をたたえよ／御もとに仕え、御旨を果たすものよ。主に造られたものはすべて、主をたたえよ／主の統治されるところの、どこにあっても」。わたしたちは天におられる方をほめたたえる天の軍勢の一部なのです。どんなに弱い人もそうなのです。エルサレムのように美しいと言っても、エルサレムは、紀元前586年に新バビロニアによって、また紀元70年にもローマ軍によって陥落させられ、廃虚となった町です。そして、ヨハネの黙示録21章1節から2節には、「天のエルサレム」について書かれています。

目が見つめるのは、花婿キリストです。しかしわたしたちのどの目でしょうか。彼は、「わたしがこの世に来たのは、……見えない者は見えるようになり、見える者は見えないようになる」ためだ、と言っておられました（ヨハネ9：39）。花婿キリストから「そんなに見つめないでください」と言われるほど、見えるようになって見つめている、幸いな花嫁になりましょう。（5節後半から7節は、4：1c～2、3cと同じです。）

雅歌（36）6章8～9節
清らかなおとめはひとり

（若者の歌）

8　王妃が六十人、側女（そばめ）が八十人
若い娘の数は知れないが
9　わたしの鳩、清らかなおとめはひとり。
その母のただひとりの娘
生みの親のかけがえのない娘。
彼女を見ておとめたちは祝福し
王妃も側女も彼女をたたえる。

◇◇

【恋の歌】

ソロモンの婚礼歌が再び現れています。ソロモンはイスラエルの長い平和の時代を築いた王です（列王記上5：5)。その理由は二つ、強力な軍事力と多くの結婚によってです。王様の立場として、一人の人だけを愛することはできません。他の王妃たちの気を悪くさせてしまうからです。したがって、この歌は後代に作られたものと推測できます。

婚礼の中でこの歌が歌われる状況を考えてみますと、この婚礼は宮廷と関係のない庶民のものであったかもしれません。しかし婚礼において、花婿にとって花嫁になる人は、あのソロモンの宮殿にいたよりすぐりの豪華な美しい女性たち、王妃、側女、若い娘たちよりも素晴らしい女性です。この歌は、当時の婚礼の中で歌われていた、決まりの歌なのかもしれません。周囲の人々が儀礼的に花嫁を絶賛する中で、花婿の若者には花嫁が本当にそのように見えているという、ほのぼのとした光景と愛情が伝わってくるようです。

◇◇

【信仰の歌】

伝統的に聖母マリアにも解釈されるこのおとめ（清らかなおとめはひとり）について、わたしたちはどのように読んだらよいでしょうか。わたしたち人間がキリストの花嫁になるための段階として、読んでみましょう。

まず「若い娘」ですが、「霊的な年齢の若い者」と言えます。実年齢ではなく、また洗礼を受けて間もない者でもなく、「霊的に誕生して間もない魂」です。今は寿命が長くなって、適齢期などなくなりましたが、霊的に生まれた者は、できるだけ早く成長し、キリストの花嫁になるのが理想です。

次は「側女」です。ガラテヤの信徒への手紙4章22節から5章1節にアブラハムの妻サラと側女のハガルの話が書かれています。創世記16章にいきさつが書かれています。アブラハムの妻サラに子どもができなかったので、サラの提案でハガルという人がアブラハムの側女になり、すぐにイシュマエルという子を産みます。しかし後になって、妻サラからもイサクという子どもが生まれました。この話は歴史的社会学的にも解釈できますが、パウロは霊的に解釈しています。つまり不自由な側女ハガルを律法による契約、自由な妻サラをキリストの福音による契約とみなし、「この自由を得させるために、キリストはわたしたちを自由の身にしてくださったのです。……（筆者注：律法という）奴隷の軛に二度とつながれてはなりません」と言っています（ガラテヤ5：1）。

さて、ニュッサのグレゴリオスは、「幼児から完徳を備えた人へと成長を通じて疾走し、霊的な年令の域に到達した人があるとしよう……この人は奴隷の女やそばめから脱して、王妃の威厳をその代わりに獲得する。さらに無情動と浄らかさとを通じ、聖霊という栄光を受けるに適う者となる」と言っています*。そしてたくさんいる側女、王妃たちに対して、本当の花嫁とは、理想の信仰者、理想の教会と言えます。「わたしの鳩、清らかなおとめはひとり」とは、教会がひとつであることを言っているように思われます。さま

---

*『雅歌講話』381頁。

ざまな教会がありますが、聖霊は一つ、体は一つです（エフェソ 4:1—4）。また、信仰者になった者は、キリストの若い娘、側女、王妃へと、この花嫁を目指して、人のことは気にせず、成長したいものです。

雅歌（37）6章10～12節
曙光（しょこう）

（合唱）

10　曙のように姿を現すおとめは誰か。
満月のように美しく、太陽のように輝き
旗を掲げた軍勢のように恐ろしい。

（おとめの歌）

11　わたしはくるみの園に下りて行きました。
流れのほとりの緑の茂みに
ぶどうの花は咲いたか
ざくろのつぼみは開いたか、見ようとして。
12　知らぬ間にわたしは
アミナディブの車に乗せられていました。

◇◇

【恋の歌】

8節から始まるソロモンの婚礼の歌は7章10節まで続いていると思われます。衣装を変えて登場した花嫁をほめたたえる合唱です。曙、満月、太陽、旗を掲げた軍勢のようだと歌っています。輝くほどの美しさと健康美に溢れた立派な花嫁の姿です。

花嫁が歌います。くるみの園に行った、と言います。歴史家フラウィウス・ヨセフスによると、くるみの木はパレスチナには多く、特にガリラヤ湖の周辺に多かったことが書かれています*。流れのほとりの茂みに、ぶどうやざくろの花が開いたか見ようとしていると、アミナディブの車に乗せられたと歌われています。「アミナディブの車」は今となってはよくわからなくなってしまった言葉ですが、似た人名が民数記１章７節にあります。「ユダ族では、アミナダブの子ナフション」。この人はソロモンの祖先です。

【信仰の歌】

曙は夜明けです（春はあけぼの）。「曙光」という字を初めて見たのは、子どもの頃、家の本棚にあったニーチェという人の書いた本の背表紙で、読めなかったのを思い出します。この「曙光」について、聖書は多く書いています。キリストをたとえるときによく出てきます。ルカによる福音書1章78―79節、「この憐れみによって、／高い所からあけぼのの光が我らを訪れ、／暗闇と死の陰に座している者たちを照らし、／我らの歩みを平和の道に導く」。ペトロの手紙二１章19節、「夜が明け、明けの明星があなたがたの心の中に昇るときまで、暗い所に輝くともし火として、どうかこの預言の言葉に留意していてください」。闇の中でキリストを信じ、心に太陽を昇らせた人、十字架を受け入れ、復活日の夜明けを自分のものとした人の「魂の夜明け」を表すとき、よく使われます。また主は「満月」にもたとえられています。「あなたの太陽は再び沈むことなく／あなたの月は欠けることがない。主があなたの永遠の光となり／あなたの嘆きの日々は終わる」（イザヤ 60：20）。

そして、心に太陽を昇らせた信仰者を、花婿キリストはもったいなくも、立派な花嫁と呼んでくださると言うのです。「あなたがたは、以前は神から離れ、悪い行いによって心の中で神に敵対していました。しかし今や、神は御子の肉の体において、その死によってあなたがたと和解し、御自身の前に聖なる者、きずのない者、とがめるところのない者としてくださいました」（コロサイ 1：21―22）。

*『ユダヤ戦記』2、新見宏訳、山本書店、1981 年、178―179 頁。

さてキリストの花嫁になる人がぶどうを探すのは、キリストが「わたしはまことのぶどうの木」と言われたことからもわかります。ざくろは、どうでしょう。ざくろは、キリスト教史の中で、受難の象徴とされました。ざっくり割れた実の姿からでしょうか。ボッティチェッリの「柘榴（ざくろ）の聖母」という絵には、マリアに抱かれた幼児のキリストが手にざくろの実を持って描かれています。

ソロモンの先祖のアミナダブの名は、マタイによる福音書のイエス・キリストの系図、1章4節にも出ています。わたしたちは、知らぬ間にダビデ、ソロモンからメシアと呼ばれるイエスへと、イエス・キリストの民の車の中に座っていることを、喜びたいものです。

雅歌（38）７章１～２節
信仰者の腿(もも)——神との格闘

（合唱）

１　もう一度出ておいで、シュラムのおとめ
もう一度出ておいで、姿を見せておくれ。

マハナイムの踊りをおどるシュラムのおとめに
なぜ、それほど見とれるのか。

（若者の歌）

２　気高いおとめよ
サンダルをはいたあなたの足は美しい。
ふっくらとしたももは
　たくみの手に磨かれた彫り物。

◇◇◇

【恋の歌】

「シュラムのおとめ」とは、よくわかりません。ソロモンの女性形に定冠詞がついたもので、ソロモンの女という意味であると言う人もいます。また、列王記上１章1―5節にある、国中を探して王宮に召されたシュネム生まれのこの上もなく美しい娘の故事から、美しい娘をそう呼ぶようになったのだ、と言う人もいます。

パレススチナには、婚礼の祝宴で、おとめたちの歌う合唱に合わせて、花嫁が舞踏をして見せる習慣があるそうです。「マハナイムの踊り」は、剣の舞の一種です。どういう踊りかはよくわかりません。「マイム・マイム」と

いうフォークダンスがあります。あれは「水が出て嬉しい」というイスラエルの神にささげる踊りですが、踊りの中に「ける」動作があります。日本舞踊とは違って、衣装をけり上げて踊る、優雅な中にも激しさのある踊りだったと想像されます。

【信仰の歌】

イエス・キリストの民の中に入ったおとめに、もう一度出ておいでと、キリストが呼びかけられます。マハナイムの踊りを見たいと言われるのです。「マハナイム」は創世記32章3節に地名として出てきます。ヤコブがエサウと再会するために故郷へと旅を続けていた時、ある場所で、突然神の御使いを見ます。それで、ここをマハナイム（二組の陣営）と名付けたというのです。神の陣営と人の陣営の接する場所と思ったのでしょう。かつて自分が罪を犯して騙した兄と再会して和解しようという、息詰まるような恐怖と憂鬱（ゆううつ）をかかえて旅をしていたヤコブには、これは幸先の良いことだったのか、悪いできごとだったのかわかりません。マハナイムは、闘いの陣を敷く場所で、そこで神に戦勝祈願の剣の舞を踊ったのが「マハナイムの踊り」の起原です。

踊りは喜びを表すものと言われます。「あなたはわたしの嘆きを踊りに変え」（詩編30：12）と書かれています。踊りながらゴスペルを歌う教会であっても、そういうことはしない静かな教会であっても、救われた人の踊り出したくなるような喜び、良い知らせ（福音）を知らせようと走り続ける教会の喜び、それをキリストは見たいと思っておられます。「サンダルをはいたあなたの足は美しい。ふっくらとしたももは／たくみの手に磨かれた彫り物」。主イエスは大工の家にお生まれになったので、石工を手伝われたかもしれません。キリストの名が刻まれた彫り物を、主によってさらに磨いていただく所が教会です。

踊りは喜びを表すと申しました。しかし、そればかりではないと思われます。「信仰者の腿」については、同じ創世記32章23節からの箇所に、ヤコブがヤボクの渡しという所で、神のような人と格闘して、腿の関節がはずれたという話があります。「ヤコブは独り後に残った。そのとき、何者かが夜明けまでヤコブと格闘した。ところが、その人はヤコブに勝てないとみて、ヤコブの腿の関節を打ったので、格闘をしているうちに腿の関節がはずれた。『もう去らせてくれ。夜が明けてしまうから』とその人は言ったが、ヤコブは答えた。『いいえ、祝福してくださるまでは離しません。』」（創世記 32：25—27）。この後、ヤコブは痛む足を引きずって、兄と和解しに行きます。信仰者の姿が格闘しているように見えたとしても、それは神と踊ることのできる幸いな者の姿です。痛みと喜びを伴うわたしたちの信仰生活を、どうか祝福してくださいと祈るばかりです。

雅歌（39）７章３～５節
秘められた神の御計画

（若者の歌）

３　秘められたところは丸い杯
　　かぐわしい酒に満ちている。
　腹はゆりに囲まれた小麦の山。
４　乳房は二匹の子鹿、双子のかもしか。
５　首は象牙の塔。
　目はバト・ラビムの門の傍らにある
　　ヘシュボンの二つの池。
　鼻はレバノンの塔、ダマスコを見はるかす。

◇◇

【恋の歌】

ソロモンの婚礼歌の続きです。若者の歌というのは、結婚式で花婿が歌う歌と思われます。王が国を保つために必死で歌った、花嫁をたたえるためのよく練られた歌詞なのかもしれませんが、多くの妻を愛したソロモンらしい歌と言えます。ヘシュボンは要塞の意で、ヨルダン川東、大きな高台の西端、広く眺望がきく場所で、泉の近くに設けられている水槽が、古代ローマの遺跡として発見されたそうです。

◇◇

【信仰の歌】

教会にとって、かぐわしい酒に満ちている秘められたところとは、どこでしょう。コロサイの信徒への手紙1章26節には、「世の初めから代々にわたって隠されていた、秘められた計画が、今や、神の聖なる者たちに明らかにされたのです」と書かれています。神の秘められた計画とは、キリストのことです。この秘められたところにはかぐわしい酒が満ちています。それは、わたしたちにとって、救いの知識、希望、そして、何より聖餐の杯です。キリストが聖餐において、「これはわたしの契約の血です」と言って差し出される、聖餐のぶどう酒は、キリストそのもの、キリストの恵みそのものである、かぐわしい杯です。

ゆりに囲まれた小麦の山が教会にあるとは、どういうことでしょう。小麦の山とは、脱穀した小麦を山もりにした風景です。小麦とは、この地方で、命のために最も大切なものでした。詩編81編17節にはこう書かれています。「主は民を最良の小麦で養ってくださる」。キリストは信仰者を、良いもので養ってくださいますが、その最良のものは聖餐のパンと言えます。

双子のかもしかのような、かわいらしい二つの乳房のことが出てきます。説教者の与える信仰の糧のことが思い出されます。この二つの乳房の一つからは乳が、一つからは固い食べ物が出ます。霊的に乳飲み子のような人には乳の説教が必要で、成熟した信仰者には固い食べ物が必要です。礼拝では、いろいろな説教をするようにしています。雅歌の説教は、大人向けの説教だと思います。

「首は象牙の塔」と言われています。象牙は今は取ることが禁止されていますが、高価なものです。立派な塔です。弱いわたしたち、罪やいろいろなものの誘惑に囲まれているわたしたちは、キリストの教会を、逃げ込む砦（とりで）の塔として与えられているのです。そのことを忘れないようにしたいものです。

ヘシュボン（要塞）の二つの池のような目とは、敵がよく見える目です。高い鼻がたとえられているレバノンの塔は、ソロモンが建てた、良い香りのするレバノン杉で作られた塔です。ダマスコは、ダビデ王が属国とした軍事上の重要な都市でしたが、アッシリア、後にローマ帝国シリア属州となり、パウロがここで回心したことで有名です。キリストから、この世をよく見（張り）、かつそれを超えた方をはるかに見よ、と言われているように思われます。

雅歌（40）7章6～10節a
心の中の新しい実

（若者の歌）
6　高く起こした頭はカルメルの山。
長い紫の髪、王はその房のとりこになった。
7　喜びに満ちた愛よ
あなたはなんと美しく楽しいおとめか。
8　あなたの立ち姿はなつめやし、乳房はその実の房。
9　なつめやしの木に登り
　甘い実の房をつかんでみたい。
わたしの願いは
　ぶどうの房のようなあなたの乳房。
りんごの香りのようなあなたの息
10a うまいぶどう酒のようなあなたの口。

◇◇◇

【恋の歌】
婚礼において、花婿が愛をこめて花嫁に向かって歌う歌になったのでしょう。カルメル山は果樹園の意味を持つ山です。ダビデ王の時、イスラエルの領地となり、その後一度ティルスに渡り、またイスラエルの領土になった山です。長い髪を紫色に染めている人をこの頃見ますが、「紫の髪」とは日本で「緑の黒髪」と言うように、艶(あで)やかな黒髪（や銀髪）のことを言うそうです。ソロモンの婚礼歌はここで終わります。

◇◇◇

【信仰の歌】

キリスト教徒の王である方、キリストは、その花嫁である「教会」に対してこう言っておられます。

その高く起こした頭は、カルメルの山。偶像礼拝を自らはしない決意を秘めた頭を持っていると（列王記上 18：20—24）。長い髪で、イエス・キリストの足を涙と共に拭いてさしあげた女の話は、多くの罪を赦されてより多くの愛をキリストに示した人として、教会に伝えられています。教会が「喜びに満ちた愛」でキリストを愛していることは、確かにそうですが、それをもったいなくも、キリストは楽しいと思ってくださるのでしょうか。教会の中にはあまり美しいとは言えない教会もあります。でも、ルカによる福音書 15 章 7 節で、イエス・キリストはこのように言っておられます。「言っておくが、このように、悔い改める一人の罪人については、悔い改める必要のない九十九人の正しい人についてよりも大きな喜びが天にある」。

「なつめやし」は主のエルサレム入城の場面で、この枝を振って迎えられたことが思い出されます。「神に従う人はなつめやしのように茂り……主の家に植えられ／わたしたちの神の庭に茂ります」と言われています（詩編 92：13—14）。なつめやしは、いつまでも実をつける豊かな木です。なつめやしのような教会になる実とは何でしょうか。それは、聖霊の実です。それは信じる人の心の中に与えられるものです。それは「天的喜び」、「神への愛」などです。この聖霊の実をキリストは愛してくださるというのです。「カルメル」とは「果樹園」の意味がありましたが、「実」は新約聖書に多く出てくる言葉です。キリストは、教会の伝道者によって「永遠の命に至る実を集めている」と言われます（ヨハネ 4：36）。この実は一つでありながら、複数あるのです。ぶどうの房のように、複数ですが、一つとも言えます。そうして、聖霊によってキリストを信じ、信じることによって、聖霊がまた与えられた人は、その実も与えられます。その人に生まれつき神さまが入れてくださったものにプラスして与えられる聖霊による賜物です。これは「愛であり、喜び、平和、寛容、親切、善意、誠実、柔和、節制」（ガラテヤ 5:22—23）などです。

キリストが愛してくださるという教会のりんごの香りのような息、うまいぶどう酒のような口とは何でしょう。神や人への呪いや悪口ではなく、神を賛美し、何より信仰を告白するために使われる口、息を、愛する人が愛の故に好ましく思うほどに愛してくださるとは、なんともありがたく不思議なことです。

雅歌（41）7章10b～14節
神の愛を得るために

（おとめの歌）
10b それはわたしの恋しい人へ滑らかに流れ
眠っているあの人の唇に滴ります。

11 わたしは恋しい人のもの
あの人はわたしを求めている。
12 恋しい人よ、来てください。
野に出ましょう
コフェルの花房のもとで夜を過ごしましょう。
13 朝になったらぶどう畑に急ぎ
見ましょう、ぶどうの花は咲いたか、花盛りか
ざくろのつぼみも開いたか。
それから、あなたにわたしの愛をささげます。
14 恋なすは香り
そのみごとな実が戸口に並んでいます。
新しい実も、古い実も
恋しい人よ、あなたのために取っておきました。

◇◇◇

【恋の歌】

この箇所を読みますと、おとめと若者の二人の距離はとても近いようにも、意外と離れているように思われます。まるで、遠距離恋愛のようです。神さまもまた、遠くて近い、近くて遠いお方です。

「りんごの香り」のようだと言われているおとめの息（7：9）が、恋しい人の唇に滴るといっても、相手は眠っているというのです。これはおとめの空想なのでしょうか。突然、おとめは遠くにいる若者に、「来てください」と呼びかけます。そうしたら、こんなことをしましょう、と呼びかけています。空想でなければ、もう一度来てくださいということです。若者に食べさせるために、恋なすの実をたくさん取ってくる努力を惜しまず、「ひたすら待っていますよ」という、かわいいような、恐ろしいような歌です。

◇◇

【信仰の歌】

聖書には、使徒言行録2章とは別に、弟子たちが聖霊を受けた話があります。そこから教会が生まれることは同じです。ヨハネによる福音書20章19―23節です。「その日、すなわち週の初めの日の夕方、弟子たちはユダヤ人を恐れて、自分たちのいる家の戸に鍵をかけていた。……イエスは重ねて言われた。……そう言ってから、彼らに息を吹きかけて言われた。『聖霊を受けなさい。……』」。聖霊を受けて信じることのできた者について、「その人の内から生きた水が川となって流れ出るようになる」と主は言われています（ヨハネ7：38―39参照）。教会がキリストから頂いた溢れる恵みを信仰告白としてお返しするさまを、口づけにたとえることができます。もちろん神はまどろむことはない方ですが、主イエスは舟の艫（とも）の方で眠っておられたことがありましたから、それを思い出してもよいでしょう。

「野に出ましょう／コフェルの花房のもとで夜を過ごしましょう」と言われています。ヘブライ人への手紙13章12―15節を思い出します。「イエスもまた、……門の外で苦難に遭われたのです。だから、わたしたちは、イエスが受けられた辱めを担い、宿営の外に出て、そのみもとに赴こうではありませんか」。わたしたちは地上に都を持たないアウトサイダーとして生きるべきです。「コフェルの花」は香りの良いクリーム色の房を持つ花で、わたしたちの主も香りの良い供え物です（エフェソ5：2参照）。「ぶどう畑」に行って一緒に働くことが歌われています。神のぶどう畑（教会）で行う労働は、愛する方と共にする労働なので、苦しいばかりでなく遊びの要素もある楽しい労働なのです。

「恋なす」を集め、その実をあなたにささげるために取っておく、と言われています。恋なすは、媚薬（びやく）や妊娠の効果があると信じられていたマンドラゴラという植物です。幻覚作用もあり危険なものです。それくらい必死に神に喜んでいただく工夫をしたいものです。

雅歌（42）８章１～４節
肉親について

（おとめの歌）

1　あなたが、わたしの母の乳房を吸った
　　本当の兄だと思う人なら
　わたしをとがめたりはしないでしょう
　外であなたにお会いして
　　くちづけするわたしを見ても。
2　わたしを育ててくれた母の家に
　　あなたをお連れして
　香り高いぶどう酒を
　ざくろの飲み物を差し上げます。
3　あの人が左の腕をわたしの頭の下に伸べ
　右の腕でわたしを抱いてくださればよいのに。

4　エルサレムのおとめたちよ、誓ってください
　愛がそれを望むまでは
　　愛を呼びさまさないと。

◇◇

【恋の歌】

兄妹間でこのような挨拶をする国でも、恋人同士はその親しさから、兄弟でないことがばれてしまうことがあったのでしょう。

快く思うかどうかわからない、馴染（なじ）みのない親族に、花婿としたい人を会わせる時の、おとめの不安や緊張感に満ちた心が伝わってくるところです。

◇◇◇

【信仰の歌】

「あなたが、わたしの母の乳房を吸った／本当の兄だと思う人なら／わたしをとがめたりはしないでしょう／外であなたにお会いして／くちづけするわたしを見ても」(8：1)。あなたを「神やキリスト」、外を「家の外や教会」、くちづけするを「親しく交わる」というふうに、読むことができます。キリスト教の神は、元々超越の神と言われ、地縁、血縁の神ではなく、馴染みのない神なのです。それが西欧では逆転したという歴史があります。教会は、あまり血のつながりのない兄弟姉妹の集団なのです。「この人々は、血によってではなく、肉の欲によってではなく、人の欲によってでもなく、神によって生まれたのである」(ヨハネ 1：13)。

「わたしを育ててくれた母の家に／あなたをお連れして／香り高いぶどう酒を／ざくろの飲み物を差し上げます」(8：2)。ここは、肉親への伝道ということを考えさせられる所です。快く思っていない、あるいは馴染みのない親に、花婿となる人を会わせるときはどうしたらよいでしょうか。教会に肉親を連れて来る場合、教会がキリストの知識の香りに満ちていることが大切です。教会に絶対行かない肉親に対しては、子どものような単純さで証しの生活をする、無言の愛の奉仕をすることが、この香りになります。批判や皮肉に打ちひしがれることなく、その人自身が変わったことを見せる、いつも喜んでいる姿を見せることなどです。「ざくろの飲み物を差し上げる」とは、どういうことでしょうか。ざくろは受難の象徴でもあります。苦難の時の静かな強さを、家族に見せることとも言えます。

3節は、信仰者となった者が、自分が神に愛されている姿、神を信頼している姿を家族に見せるということでしょうか。フィリピの信徒への手紙4章19節にはこう書かれています。「わたしの神は、御自分の栄光の富に応じて、キリスト・イエスによって、あなたがたに必要なものをすべて満たしてくださいます」。

そして、次に肉親への配慮が感じられることばが続きます。「エルサレムのおとめたちよ、誓ってください／愛がそれを望むまでは／愛を呼びさまさないと」（4節）。「エルサレムのおとめたち」は婚礼歌で、いろいろな役を果たしますが、ここでは「周囲がいろいろなことを言って、この結婚が壊れませんように」ということかもしれません。肉親に対する伝道も、強要したりしてはならず、その人の神への愛が溢れるまで待つ、ということです。

雅歌（43）8章5～6節a
イエスの焼き印

（合唱）
5　荒れ野から上って来るおとめは誰か
恋人の腕に寄りかかって。

（おとめの歌）
りんごの木の下で
　　わたしはあなたを呼びさましましょう。
あなたの母もここであなたをみごもりました。
あなたを産んだ方も
　　ここであなたをみごもりました。

6a　わたしを刻みつけてください
あなたの心に、印章として
あなたの腕に、印章として。

◇◇

【恋の歌】

今度は、おとめが愛する若者の家に行った時の歌でしょうか。ソロモンの花嫁の中には、荒れ野と言われる砂漠を超えてやって来る王女たちがいました。おとめは、恋のつらい道のりを経て、愛する人の家に入ることができました。このおとめは、若者の誕生に関わる場所を見て、感動しています。生まれた時の写真のない時代ですが、愛する人の生まれた時のことまで知りたいと思うのは同じです。そして、恋人の心と腕に、わたしを刻みつけてください、と歌っています。印章とは、「はんこ」のことです。入れ墨のようなものも考えられます。

◇◇

【信仰の歌】

キリストの花嫁は、エジプトから来たファラオの娘でもなく、アンモンの王女でもなく、この世という荒れ野からキリストによって救い上げられた信仰者のことです。信仰とは、キリストに伴われて、荒れ野からどこに行くことでしょうか。地上から行くのですから、それは天です。しかも、信仰者は、地上にいながら、天に行くのです。花婿キリストが、十字架と復活の後、天に昇っていかれた記事が聖書の中に記されています。昇天のキリストへの信仰は、高挙（高く挙げられた）のキリストへの信仰です。どういうことでしょうか。エフェソの信徒への手紙２章４―６節に、こう書かれています。「神は……罪のために死んでいたわたしたちをキリストと共に生かし、……キリスト・イエスによって共に復活させ、共に天の王座に着かせてくださいました」。神はわたしたちを、キリストによって、この世にいながら、天に招いてくださったのです。キリストにしっかり結びついて、天に昇ることが大切です。キリストと共に楽園に住みながら、この世においては、上なるものを目指して地道に励む者とされたのです。

キリストを信じる人が、愛するイエス・キリストの生まれた時を想像することとは、どういうことでしょう。それは、ベツレヘムの馬小屋のことだけではありません。キリストは、天地創造前の永遠の時、神から生まれたのでした。このことは新約聖書の中の白眉と言われるヨハネによる福音書の１章１節から18節までに書かれています。花婿キリストを愛しているならば、もっとよく知りたい、お生まれになった時のことも知りたいという気持ちを持つのは当然です。全世界の教会が教派を超えて持っている「ニケア信条」は、御子が世に先立って、父から生まれたことを、告白しています。「主は、……世々に先立って父から生まれ、……造られたのではなくて生まれ……」と告白されています。わたしたちは、ただの被造物ですが、キリストの花嫁として、神の子と呼んでいただけるのです。

そして「わたしを、あなたの心に印章として、あなたの腕に印章として、刻みつけてください」ということが言われています。印章とは、「自分のもの」という意味のはんこです。自分の名前を、印影のように、あなたの腕に彫ってください、という気持ちでしょうか。自分と神の御子キリストとの強い絆を、使徒パウロは「わたしは、イエスの焼き印を身に受けている」という言葉で表現しています（ガラテヤ6：17）。

雅歌（44）8章6b～7節
わたしは主、あなたの神、わたしはねたむ神である

（合唱一）

6b　愛は死のように強く
熱情は陰府のように酷(むご)い。
火花を散らして燃える炎。

7　大水も愛を消すことはできない
洪水もそれを押し流すことはできない。
愛を支配しようと
財宝などを差し出す人があれば
その人は必ずさげすまれる。

◇◇

【恋の歌】

愛についての歌を歌っているのは、花嫁の友人たちでしょうか。「愛は死のように強く／熱情は陰府のように酷い。火花を散らして燃える炎」とは、「(わたしの) 嫉妬は恐ろしいですよ」ということです。聖書の中には、文字通り「火花を散らして燃える炎」が出てきます。出エジプト記3章1節―6節のところです。モーセは山で燃えている柴を見ました。燃えているのにいつまでも燃え尽きない不思議な柴を見ました。その中から、人の声ではなく、神の声が聞こえてきたというのです。これは神の最初の顕現らしい演出かと思っていましたが、もっと深い意味があるのです。

愛と財宝のことが出てきます。『金色夜叉』＊に出てくる鴫沢宮(しぎさわみや)さんは、こ

＊尾崎紅葉の小説。

の歌のようではありませんでした。ダイヤモンドに目が眩(くら)んで、差し出した人の方に行きました。もっとも、ソロモン王こそ、財宝によって愛を手に入れそうです。想像ですが、王様がどれほどの財宝を積んでもきっぱり断って、自分の恋を貫いたおとめがいたのではないでしょうか。貧しい結婚式で、愛を選んだ花嫁をたたえて、歌われたものかもしれません。

◇◇

【信仰の歌】

「火花を散らして燃える炎」と訳されている言葉の原語は、「ヤハウェの炎」です。モーセが出会った神（ヤハウェ）は、「わたしは熱情の神である」と言われています。「あなたには、わたしをおいてほかに神があってはならない」（出エジプト記20：3）というモーセの十戒第一戒に続く「あなたはいかなる像も造ってはならない。……わたしは主、あなたの神。わたしは熱情の神である」（20：4―5）という第二戒に出てきます。「熱情の」と訳されている言葉は、「嫉妬深い」という言葉で、口語訳で「わたしは、ねたむ神である」と訳されていたものを少しマイルドにしたのでしょう。これらを破った者は死刑を宣告されることになっています。この神の不寛容さが問題とされることが時々あります。しかし「わたしは、ねたむ神である」と言うのですから、これは「わたしを、心を尽くして愛してほしい」ということの裏返しです。まさに「愛は死のように強く／熱情は陰府のように酷い」というヤハウェの愛です。

わたしは、初めて出会った神さまに「わたし以外を愛したら、死刑にする。わたしはねたむ神だから」と言われた時、嬉しく感じました。神の愛が強調されているように思いました。これは客観的なことではなく、自分と神との一対一のことです。自分のような者が神を愛してもよいのか、神は自分を少しは愛してくださるだろうか、と思っていましたのに、神が「わたしを愛してほしい」と願っておられるのです。しかも「他の者をわたし以上に愛したら殺します」というほどの激しい愛で愛することを命じておられるのです。この激しいラブコールを嫌悪し、断る人もいるでしょう。それは自由です。

しかしわたしは受け入れ、わたしの神となっていただきました。

さて、人間を神と財宝（富）が取り合った場合のことを考えてみましょう。これほど激しく愛してくださる神を、財宝（富）のために、忘れたり、裏切ってはならないということになります。ところで、御子の言われた言葉に「金持ちが神の国に入るよりも、らくだが針の穴を通る方がまだ易しい」という言葉があります（マタイ 19：24）。しかし、お金持ちでも、苦労して、神の国に入った人もいます。キェルケゴールという人です。『死に至る病』という本の、わたしの感想ですが、彼はお金と暇がたくさんあったので、自分自身に深く絶望することができたのだと思います。お金持ちの人も、神の国に入ることを諦めないでください。

雅歌（45）8章8～10節
狭き門

（合唱二）
8　わたしたちの妹は幼くて、乳房はまだない。
　この妹が求愛されたら、どうすればよいのか。
9　この子が城壁ならば、その上に銀の柵をめぐらし
　この子が扉ならば
　　レバノン杉の板で覆うことにしよう。

（おとめの歌）
10　わたしは城壁、わたしの乳房は二つの塔。
　あの人の目には、もう
　満足を与えるものと見えています。

◇◇

【恋の歌】

この合唱二は、婚礼の中で、おとめの親族である、兄たちが歌う歌と思われます。花嫁であるおとめが、幼い時からしっかり純潔が守られてきたことを強調しており（この妹が城壁ならば銀の柵をめぐらし、扉ならばレバノン杉の板で覆うことにしよう）、またおとめの成熟を強調する準備の歌（わたしたちの妹は幼くて、乳房はまだない。これに対して、おとめは自分はもう違うと反論しています）ともなっています。兄さんたちは子どもだと思っていても、もう立派な大人のおとめになりました、と誇らしく歌っています。愛する花婿になる人に、満足を与える者になりました。これはまた、親族の内にある、手放したくないという、本来口に出してはいけない一種の感情を、逆に歌にして歌っ

てしまうという演出だったのかもしれません。

【信仰の歌】

人がキリストの花嫁になるときのことを、考えてみましょう。子どもが、受洗する、あるいは信仰告白するまで、どのように育てたらよいのか。大切に育てるということです。それは、キリスト教以外のことを知らせずに箱入り娘として育てるということではないでしょう。他宗教や他の思想もきちんと教えることを含めて、大切に育てるということです。そして、次のおとめの歌は、まだ受洗や信仰告白は早いと思っていたら、「わたしはもう立派に成長しました。もうキリストの花嫁になります」と言ったことを表しています。これは子どもに限らず、求道者の人たちにも当てはまることです。神さまがそこまで成長させてくださったことを喜ぶべきです。

おとめは、「わたしは城壁、わたしの乳房は二つの塔」と言っています。城の胸壁の上にさらに強固にするために所々に設けられた櫓（やぐら）の塔です。幼かった乳房は成長し、もうキリストの目に満足を与えるものと見えています、とはどういうことでしょう。キリストに満足を与える——そんなことを言える人はいないはずです。「満足を与える」という言葉は、文字どおりには、平和（シャローム）を与えるという意味です。キリストによって、神と和解し、平和を与えられた、そのことが、キリストの目に、もう花嫁として迎えてもいいですよと映るということです。それは、ありがたい許可です。

ふつうの花嫁の歌であれば、花嫁の誇りは、自分が相手にふさわしいほど立派に成長したことですが、キリストの花嫁は「誇る者は主を誇れ」（コリント二 10：17）と言われています。

わたしたちの心の城壁も、ガードの固いところがあります。しかし、キリストを通して神の愛を知った者は、狭い門を通って、神の国に行きます。マタイによる福音書 7 章 13—14 節に、「狭い門から入りなさい。滅びに通じる門は広く、その道も広々として、そこから入る者が多い。しかし、命に通じる門はなんと狭く、その道も細いことか。それを見いだす者は少ない」と言われているようにです。柵の狭い隙間から射し込んでくる、確かな神の愛の光を見失うことなく、その愛をしっかり受けとめて、キリストの花嫁の道を歩んでいきましょう。

雅歌（46）8章11～14節
教会の使命の幻

（合唱三）
11　ソロモンはぶどう畑を
　　　バアル・ハモンに持っていて
　　ぶどうの世話を番人たちに任せました。
　　番人たちはそれぞれの
　　　ぶどうに代えて銀一千を納めます。
12　「これがわたしのぶどう畑、ソロモン様。
　　銀一千はあなたの取り分。
　　銀二百は世話をした番人へ。」

（若者の歌）
13　園に座っているおとめよ
　　友は皆、あなたの声に耳を傾けている。
　　わたしにも聞かせておくれ。

（おとめの歌）
14　恋しい人よ
　　急いでください、かもしかや子鹿のように
　　香り草の山々へ。

◇◇

【恋の歌】
　バアル・ハモンはここにしか出てこない地名で、どこなのかは不明です。

意味は「多くの所有者」です。畑の番人は、ソロモンのぶどう畑で得た収入のうち、大半をソロモン王に納め、残りをおのおの自分の取り分とするという歌です。この銀一千や銀二百は、女の人を表していると考えることもできます。ソロモンの後宮について後代まではやり歌として歌い継がれるようになり、この歌はその一つではないか、ということです。「銀一千はあなたの取り分。銀二百は世話をした番人へ」は、「価値の高いおとめを王様に、価値の低いおとめはわたくしが頂きます」という歌です。ずいぶん失礼な歌ですが、婚礼において、この歌は誰によって歌われるのでしょうか。現代の婚礼においても、ブーケトスと言って、花嫁がブーケを投げ、それを受け止めた人が次に結婚する、という遊びがあり、男性版もあるようです。この歌「合唱三」は、花婿の独身の友人たちが歌う歌と思われます。花嫁の素晴らしさをたたえ、「その花嫁を得た花婿がうらやましい。自分にも、おこぼれがありますように」という戯(ざ)れ歌と考えられます。

そして、婚礼は、ここで終わっているのでしょう。13 節と 14 節は、婚礼の余韻で、映画が終わった後、ハイライトの場面が映し出されるように、こだまのように、若者とおとめの言葉で終わっています。片思いの恋人たちの一番苦しかった時の歌にかけています。若者の歌は 2 章 14 節「岩の裂け目、崖の穴にひそむわたしの鳩よ／姿を見せ、声を聞かせておくれ」。おとめの歌は 2 章 17 節です。「夕べの風が騒ぎ、影が闇にまぎれる前に／恋しい人よ、どうか／かもしかのように、若い雄鹿のように／深い山へ帰って来てください……」。

◇◇

【信仰の歌】

さて、わたしたちの花婿キリストの友人とは、誰でしょうか。親しい人と言えば、信仰者もそう言えます。しかし、信仰者はキリストの花嫁です。キリストから、ぶどう畑のぶどうの世話を言いつけられた番人とは、教会の牧師などの伝道者と考えられます。伝道者は、このぶどう畑で、ソロモンのぶどう畑のように、豊かに収穫を得て、キリストに対して銀一千を納めてさしあげたい、と思わなければなりません。神のぶどう園で、主のためにぶどうを育てるという、幸いな仕事をする人の取り分は何でしょうか。コリントの信徒への手紙一9章7節には「ぶどう畑を作って、その実を食べない者がいますか」と書かれています。また「花婿の介添え人はそばに立って耳を傾け、花婿の声が聞こえると大いに喜ぶ。だから、わたしは喜びで満たされている。あの方は栄え、わたしは衰えねばならない」とも書かれています（ヨハネ3：29—30）。キリストと出会えたこと、人々にキリストを出会わせたことの喜びで満足すべきです、ということです。

13節、14節の若者の歌とおとめの歌は、教会において、今も、将来も、ずっと響き続ける歌です。「友は皆、あなたの声に耳を傾けている」——友とは、「天使たち（ヨハネの黙示録19：5—10参照）と伝道者たち」です。おとめは、信仰者や求道者、神を求めている人の魂です。神よ、急いで、わたしのところに来てください。かもしかや子鹿のように速く、香り草の山々へ（キリストの香りのする地上の教会へ）。夕べの風が騒ぎ、影が闇にまぎれる前に（年を取って手遅れにならないうちに）、どうか来てください……。互いに求め合い、相手には聞こえなかったこの声がこだまし、キリストの花嫁が生まれること、教会はその幻を追い続けています。

あとがき

雅歌の成立年代、場所、著者については、諸説ありますが、謎に包まれています。たぶん、紀元前4―3世紀頃編集され、歌い継がれ、紀元後90年、旧約聖書正典化の時に、入れられたものと考えられています。

著者はこの時代、女性が著作したとは考えられませんから男性と思われますが、女心を理解した人で、想像力豊かにおとめの気持ちを歌い上げています。

『雅歌』は、『コヘレトの言葉』と『イザヤ書』の間にあります。それは偶然ではないと思われてきました。なぜ『コヘレトの言葉』の次に置かれているのでしょうか。コヘレトの言葉12章1節「青春の日々にこそ、お前の創造主に心を留めよ。苦しみの日々が来ないうちに。『年を重ねることに喜びはない』と／言う年齢にならないうちに」の「創造主」は「妻」とも解釈することができる言葉なのです。12章8節が『コヘレトの言葉』の本来の終わりという説を取ると、すべてに絶望した「エルサレムの王、ダビデの子」（コヘレト1：1）ソロモンは、せいぜい「お前の妻を楽しめ」と言っていることになります。

次に『イザヤ書』です。峻厳(しゅんげん)な預言者のイメージのイザヤに反して『イザヤ書』の中には、神さまのラブレターのような歌がたくさんあります。「わたしは歌おう、わたしの愛する者のために／そのぶどう畑の愛の歌を」（イザヤ5:1など）。神のぶどう畑（イスラエル）に対する愛、裏切りに対する苦情、和解の希求の歌です。その根底にあるのは、神の民に対する神の熱烈な愛です。

牧師の方が、礼拝で雅歌を扱うことは稀(まれ)だと思いますが、そのような時、難解な過去の註解書を読むのは大変時間のかかることですので、参考に使っていただけると幸いです。現代でも通用するものを選び、新約聖書の箇所もいくつか載せていますので、その一つだけ使ってもキリスト教の説教になると思います。

『雅歌』の説教を教会で始めたのには、いくつか理由があります。ほとんどの聖書で説教をして、『雅歌』が残ったということもあります。霊的解釈は時代遅れであることも知っています。しかし、教会で長く奉仕をされた方で、年を取り、何の奉仕もできなくなったことを嘆く方たちに、ひらすら神に近づいていく静かな信仰の『雅歌』を味わっていただきたいとも思いました。しかし、これは読んでいくうちに、当てが外れました。教会のために尽くすようにというメッセージになることが多かったのです。また、キリスト教主義の高校から宿題で礼拝に来られている高校生の方々が、恋の話を楽しみに聞きに来てくれたこともありました。恋愛にしか興味のない、ある意味で信仰に最も遠い人たちが、恋と信仰がとても似ていることから、信仰に興味を持っていただけたなら、幸いです。

本書の出版のために細かい校正、その他お世話になりましたキリスト新聞社出版事業課に、感謝を申し上げます。

2022 年 10 月　著者

<著者紹介>

住谷　翠（すみたに　みどり）

1956年　山梨県甲府市生まれ
1977年　日本基督教団　吉祥寺教会にて受洗
1979年　東京女子大学卒業
1984年　東京神学大学大学院卒業
現　在　日本キリスト教会　小平教会　牧師

装丁：長尾　優

雅歌の説教

2023年1月25日　第1版第1刷発行

著　者　住谷　翠
発行所　株式会社 キリスト新聞社出版事業課
〒162-0814　東京都新宿区新小川町9-1
電話 03-5579-2432
FAX03-5579-2433
URL. http://www.kirishin.com
E-Mail. support@kirishin.com
印刷所　株式会社光陽メディア

ISBN978-4-87395-810-1 C0016（日キ販）　Printed in Japan